ピアジェ入門

活動と構成
子どもと学者の認識の起源について

ダニエル・アムリン、
ジャック・ヴォネッシュ編
芳賀純 原田耕平 岡野雅雄 訳

三和書籍

ピアジェ入門：活動と構成
目　次

翻訳者序文

　ジャン・ピアジェは 20 世紀屈指の偉大な心理学者とされる。発達心理学・発生的認識論で画期的な研究を行い、現在もピアジェの提示した基礎概念や研究法は、これらの領域では根本的に重要なものであり続けている。そのピアジェの生誕 100 年を祝して、1996 年にジュネーブで展示会が開催された。展示会は、プラトーによる「まえがき」にあるように、ピアジェの生涯とその業績について、明確で簡潔な展望を試みるものであった。この展示会の内容を伝え、さらに読者がピアジェについての知識を深めてゆく手引きとなるように作成されたのが、本書である。

　そのような由来をもつため、本書は、ピアジェとはいかなる人か、その人となりと功績を示すとともに、ピアジェ独特の考え方や主な研究成果について一般の読者にもわかるように要領よく紹介するものとなっている。また、さらに一歩踏込んで、ピアジェの発達心理学や教育学での貢献に展望を与えつつ、発展的話題を提供する章も含んでいる。

　本書の原書タイトルは「ジャン・ピアジェ　活動と構成：子どもと学者の認識の起源について」(Daniel Hameline et Jacque Vonèche (dir.), *Jean Piaget, Agir et Construire : aux origines de la connaissance chez l'enfant et le savant,* 1996) である。このタイトルは、子どもの成長において、まずは「活動」を通じて認知構造が「構成」されてゆくという、ピアジェの理論の特徴 (「構成主義」ともいわれる) を簡潔に示している。また、ピアジェは、人類の科学的認識の発展 (つまり科学史) も、子どもの認識能力の発達と似たプロセスをたどると考えており、それを示すものとして、「子

どもの認識」と「学者 (あるいは科学者) の認識」が並列して副題に入れられている。また、本書はピアジェの思想の発展を示すものでもあることから、「学者」はピアジェを指すと解釈することもできる。

　本書は、「まえがき」に述べられているように 4 章から構成されている。ピアジェについて予備知識があまりない読者は、その人と業績について述べた第 1 章から読みはじめるとよいだろう。また、第 2 章では、ピアジェの業績のエッセンスともいえる、子どもの精神の発達について行った著名な研究が解説してある。第 3 章は、子どもの思考について、ピアジェの研究方法を受け継いで行った発展的研究であり、第 4 章は、ピアジェの思想の教育学的な応用を扱っている。

　翻訳にあたっては、章ごとに注と解説をつけ、さらに、読者の理解の一助あるいは参考となるように、巻末にも解説をつけた。また、本文中に [ ] で訳者による補足を入れた。なお、展示会の説明用に入れられた文章 (ピアジェ生誕 100 年祭実行委員会の名簿、作業グループ、謝辞など) は、割愛した。また、原書には英語による要約が各章についているが、日本語訳では省略することにした。

　最後に、翻訳者グループについて簡単に述べておきたい。本書は、筑波大学名誉教授芳賀純先生を中心として結成された「ピアジェ研究会」で購読し、翻訳したものである。これまで三和書籍で出版された、『矛盾の研究』、『意味の論理—意味の論理学の構築について』、『ピアジェの教育学—子どもの活動と教師の役割』に続く、4 冊目の翻訳書となる。これまでの翻訳書はピアジェの専門的な研究成果を示すものであったが、本書はピアジェ入門として好適な書籍となっている。本研究会としては、本書が幅広い読者に読まれ、ピアジェについて知っていただくとともに、子どもの心や教育や、子どもを取り巻く環境や社会について考えるヒントとしていただければと切に願っている。

岡野　雅雄

まえがき

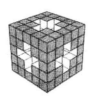

　ジュネーブで組織され、一般市民に向けて開催された、ジャン・ピアジェ生誕100年祭の展示会は、4つの部門から成っている[本書は、それに対応した形での4章構成となっている]。

1. ジャン・ピアジェ　その人柄と業績
2. 活動と構成
3. 考えるときに頭の中で何が起こっているか？
4. 観察下の活動的な子ども

　第1部[＝第1章]は、偉大な学者ジャン・ピアジェの生涯とその業績について、明確で簡潔な展望を試みるものである。第2部[＝第2章]は、ピアジェが子どもの心理学的発達をどう見ていたかに、光をあてるものである。第3部[＝第3章]は、子どもが思考をどのようなものだと思っているかについて述べている。最後に第4部[＝第4章]は、《活動主義学校》の枠組みにおいて、また、世界の様々な文化の中に見られる教育の諸概念と比較をする中で、ピアジェの思想の教育学的応用について考察している。

　この本は、この展示会の系統的で網羅的な目録とはなっていない。この書籍の目的は、むしろ読者に展示会の大きなテーマについての統合的視点を与え、また読者の望むままにさらに知識を深められるようにすることで、展示会を補足することである。

　展示会の各部門 [つまり本書の各章] のために提供されたテクストは、それぞれの中心概念を取り上げ、展示会に出展された主要な図的資料によって飾られている。部門ごとに、ある部分に特に関心をもった読者が参照できるように、著作の文献目録が示されている。英語による要約が、4 つの部門のそれぞれについて作成されている [本書では省略]。

エルベ・プラトー（Hervé Platteaux）

第 1 章

第1章　ジャン・ピアジェ その人柄と業績

ジャック・モンタンジェロ

子どものときのジャン・ピアジェ

1. 進化の旗印のもとに

　この章の中心的な概念は、進化であり、これはピアジェの業績の根底にあるものである。この概念によると、単純またはあまり均衡化されていない生命形態は、時間の経過にともない、より複雑で、さらに適応した形態をとるように、段階的に自ら変化することができる。この進化の概念は、事物のダイナミックで変化に富む性質と、それらの時間的な変化を研究することに関心をもつ、哲学的・科学的な観点から生じたものである。

　19世紀においては、進化の概念は、多くの学問の中で主要な役割を果たした。生物学では、種の多様性の説明は、ラマルク、次いでダーウィンによって提示された進化論によって、急変させられた。哲学においては、ヘーゲルは、精神はたえず生成のうちにあるものと考え、さらに後にスペンサーは、進化の概念を、時間の経過とともに変化してゆく観念に当てはめることを考えた。オーギュスト・コントは、社会の知的進化の理論を作り上げた。進化論的観点は、社会学、経済学そして政治学の中でも用いられた（たとえば、カール・マルクスの理論の例を参照のこと）。

　時間の経過による人間行動の進化への興味から、アメリカの心理学者スタンレー・ホールのような科学者たちは、大人の思考および行動の原始的形式とその進化を理解するために、子どもの発達を研究した。

　20世紀の始めには、子どもの中に大人の行動の起源を見い出そうとする考えは、特に二つの心理学的研究において認めることができる。ジェームス・マーク・ボールドウィンは、「発生的心理学」、すなわち、認識の発生の心理学を作り上げたが、それは、子どもの思考を、一方では生物学的発達と関係づけ、他方では科学の発達と関係づけるためであった（『子供と種族における心的発達』、1895）。

青年ジャン・ピアジェ

他方で、ジークムント・フロイトは夢と成人の病理を理解するために、幼年時代にさかのぼることを考えた (『夢解釈』, 1900)。美術においても、カンディンスキーやクレーの絵画が子どものデッサンや絵画からひらめきを得ているように、大人の制作と子どもの制作の結びつきが成立した。

哲学ではアンリ・ベルクソンが、生物を変化させ知能を作り出す、進化の概念を発展させた (『創造的進化』, 1907)。

この後すぐ、1911 年に、15 歳だった若いジャン・ピアジェは、代父サムエル・コルニュ（Samuel Cornut）によって、ベルクソンの著作の手ほどきを受けた。それを読んでピアジェは真の啓示を与えられた。この進化の概念とベルクソンが提出した問題に熱中し、ピアジェは彼の生涯を哲学に捧げようと決心した。実際には、彼は、その反知性主義を嫌ってベルクソンとその学問から離れることになる。しかし、20 代初めから、彼が行った心理学的研究は、進化論の潮流に加わるものであった。彼は認識をよりよく理解するために、認識の発生を研究することになる。他方で、彼は、成人

とその集団的観念の進化を説明するために、子どもを分析する手続きを利用することになる。

　「ピアジェ　その人柄と業績」を扱った本章は、3つの進化を回顧している。第一に、ピアジェのキャリア（職業）の進化、つまり、早熟な自然学者としての研究から始まり、後期の心理学と認識論の研究までの進化を回顧する。第二に、定まったテーマを見つめつつ、絶え間なく発見をし、新しい定式化をし続けた、ピアジェによる研究の進化について述べる。最後に、子どもの知的進化についてピアジェがどう考えたかを簡潔に述べる。

紀要『もみの枝』
ピアジェの最初の論文が掲載された

2. ピアジェの学問的進化：学者としての生涯

科学者の卵

「10歳か11歳の頃、いわゆる『ラテン学校』に入学後すぐ、私はもっと真剣になることを決めた。公園で部分的な白化の起きたスズメを観察し、ヌーシャテルの自然史ジャーナルに1ページの論文を寄稿した。私の論文は出版され、私は《デビュー》した！

その当時私は、自然史博物館長にあてて、鳥類、化石、貝類の収集物を、開館外の時間に研究する許可を与えてもらうように、手紙を書いた。館長のポール・ゴデは感じのいい人で、軟体動物の偉大な専門家であった。彼は私に直ちに週2回彼の手伝いをするよう促し、そして私は陸生・淡水の貝類の

採取箱にピアジェにより分類されラベル付けされた軟体動物、1912年頃

コレクションに名札を貼る手伝いをした。4年間、この良心的かつ博学な自然科学者のために働いた……。」

　これは、ピアジェが自叙伝の中で、「真剣な」彼の科学的活動の発端を述べた部分である。つまり、15歳の年に、ピアジェはすでに軟体動物の研究の専門家だった。彼は、独自の分類法を持っており、それは専門家の議論の対象となった。それでも、ピアジェは「ある外国の『同業者』たちは私に会うことを望んだが、しかし、私は一生徒でしかなかったので、自分を敢えて示そうとはしなかった。この光栄な招待を辞退せねばならなかった。」とこの本の中で記している。

　この科学的な関心は、深い精神的な危機をともなった。青年ピアジェは、科学と信仰の葛藤を激しく深く感じた。彼の疑問に対して、『創造的進化』を読むことが一時的な回答を与えてくれた。

大学教育の時期

　生誕地ヌーシャテルで、青年ピアジェは1915年から1918年にかけて、大学で自然科学の研究を続け、その結果として学位を取得した。勉学と軟体動物の研究に平行して、ピアジェは最大の関心を持って哲学者アーノルド・レイモンの講義に出席し、そして、哲学的かつ詩的ないくつかのエッセイを書いた。健康上の理由で山に滞在しなくてはならず、ピアジェは、そこで部分的に自叙伝的な哲学的小説（『探求 (Recherche)』, 1918）を書いたが、その著作の中には、後に発展させられる一般的命題の萌芽が含まれていた。若きピアジェは、認識の生物学的理論の構築という、彼の使命を発見したと信じた。

　認識の理論というものは、思弁にとどまるべきではなく、事実についての研究に基づかなければならないと確信し、ピアジェは科学的心理学の専門知識を獲得することに決めた。そのために、チューリッヒに行ってそこで半年を過ごし、その間に心理学の統計的方法と心理病理学の手ほどきを受けた。このことが、彼に、当時全く斬新なものであった、精神分析学派の代表的人

INTRODUCTION

A LA

MALACOLOGIE VALAISANNE

THÈSE

PRÉSENTÉE A LA

FACULTÉ DES SCIENCES DE L'UNIVERSITÉ DE NEUCHATEL
POUR L'OBTENTION DU GRADE DE DOCTEUR ÈS SCIENCES

PAR

JEAN PIAGET

Licencié ès Sciences

SION
IMPRIMERIE F. AYMON
1921

ヴァレー州の軟体動物学序説

ARCHIVES JEAN PIAGET

JEAN PIAGET

——

RECHERCHE

———

LAUSANNE
ÉDITION LA CONCORDE
1918

自伝的で哲学的な小説『探求』

物たち、すなわち精神病院長ブロイラーとその共同研究者のカール・グスタフ・ユングに出会わせることになった。

この直後1919年に、青年はパリにでかけ、そこで2年間滞在した。彼は自分の心理学の研鑽を続けた。ピエール・ジャネ、ジョルジュ・デュマ、アンリ・ピエロン、アンリ・ドラクロワのコースをとった。同時に彼は哲学者ラランドの論理学とレオン・ブルンシュヴィクの科学哲学を学んだが、その批判的観念論がピアジェの発想に強い影響を及ぼした。

勉強しながら、彼はビネーとシモンの研究室において、英国の心理学者バートの検査を標準化するために子どもたちに質問するという、最初の研究を任されることになった。この研究の際に、ピアジェは、子どもの研究が認識の理論の問題を解明してくれることを発見した。彼はそのようにして、生涯にわたって利用することになる研究方法のひとつ、臨床的面接法［臨床法］を見い出した。

ピアジェと妻ヴァランティーヌと3人の子どもたち　ルシアンヌ、ジャクリーヌ、ローラン

第18回ジャン=ジャック・ルソー研究所サマースクール
（サン・ディスディル，１９３０年７月１０日）

生産的な若き研究者

1921 年に、子どもの思考に関する論文の結果として、エドゥアール・クラパレードは、ピアジェにジャン＝ジャック・ルソー研究所 (これは 1974 年にジュネーブ大学の心理教育科学部になることで発展解消した）の主任の地位を推薦している。この研究所で、ピアジェはキャリアの大半を展開することになる。

ピアジェはこの研究所の学生の助力を得ながら、直ちに幼児の思考についての一連の調査を試み、その結果、1923 年から 1932 年までの間に 5 冊の著作を出版した。これらの著書は非常に好意的に受け入れられ、結果として国際的評判がこの若き研究者にもたらされた。人々は、ピアジェの研究の独創性、その豊かですばらしい分析、その観察の繊細さを高く評価した。

1923 年にジャン＝ジャック・ルソー研究所の学生であったバランティーヌ・シャトネと結婚した。ジャン・ピアジェは、彼の 3 人の子ども（ジャクリーヌ、ルシアンヌ、およびローラン）の認知的発達を、子どもたちの母親の注意深い観察によって研究することになる。これは、ピアジェが 30 代に書いた著作の素材となっている。

大学教授の役目と行政の責任

ジュネーブに着くとすぐに、ピアジェはジャン＝ジャック・ルソー研究所で教鞭をとった。数年後、彼はヌーシャテル大学で、科学史の教授職を得ている。彼の講義の深さ、独創性そして明快さの評判は、ジュネーブ大学の若き教授になることを予告していた。彼はそこで 1929 年から科学史を、1939 年からは社会学を教え、1940 年にクラパレードが他界した時、彼の心理学実験室主任の地位をピアジェは引き継いでいる。また 1930 年代の終わり頃に、ピアジェはローザンヌ大学の教授に任命された。

ピアジェは 1936 年にアメリカのハーバード大学から名誉博士号を授与された。そして、1942 年に、パリにあるコレージュ・ド・フランスで講義を

するために招かれ、その上、10年後にはソルボンヌ大学で教授となり、そこで1952年から1963年まで、ジュネーブでの教職と研究を維持しながら、教育を行った。

他方、ピアジェは優れた管理者かつ優れたチームリーダーとして、クラパレードが創設した国際教育局の局長職を1929年から務めた。さらに、彼は1932年から、クラパレードとピエール・ボヴェと共に、ジャン＝ジャック・ルソー研究所の共同責任者となった。

テンプル大学（フィラデルフィア）で名誉博士号を授与されるジャン・ピアジェとベルベル・イネルデ

重要な研究グループの指導者

　以前から、教育と行政的任務だけがピアジェの仕事ではなかった。彼は協力者たちを刺激することに秀でており、それによって進行中の科学的研究に基づいた何ページかを書かない日は、実際のところ一日としてなかった。

　1930年代に行った彼自身の子どもたちの観察に基づく、新生児の知性に関する極めてオリジナルな著作の後に、ルソー研究所で行った子どもの思考の研究は、1941年から多くの著作の出版のきっかけとなった。これらの多くはベルベル・イネルデの協力によって書かれている。これらの著作は新しい観点から子どもの推論を分析している。

　フランス語圏外では、子どもの認識についての非常に抽象的な説明は、

1950 年代までは、1932 年までに出版された最初の一連の著書ほど多くの興味を起こさせなかった。

国際的栄誉と児童研究の成果

1955 年にピアジェは発生的認識論国際センターを設立したが、その目的は、子どもの心理学的研究の実験結果を、論理学、生物学、サイバネティクス、物理学など諸学問の代表的研究者による理論的考察と突き合わせることで、認識の理論 (認識論 épistémologie) の諸問題を研究することであった。

1950 年代の終わりから、特にアメリカ合衆国で、ジャン・ピアジェの功績が再発見され、その名声は続く 20 年の間に絶頂に達することになる。ピアジェの著作は 24 か国語に翻訳され、ピアジェは多くの栄誉を受けている (31 の名誉博士号、名高いエラスムス賞、バルザン賞など)。彼の指揮のもとで、ジュネーブで繰り広げられた研究は大きな反響を呼び、全世界で子どもの発達に取り組んでいる心理学者たちの主要な参考文献となっている。教育学者たちも、同様に、ピアジェの仕事に非常に関心を持ち、そこに教育の方法を刷新するためのインスピレーションを求めている。

1971 年、ピアジェは大学の定年に達したため、ジュネーブ大学における講義をやめるが、発生的認識論国際センターをリードし続け、彼の科学的成果の多産さは、彼の死後刊行されたいくつもの著作が示しているように、弱まることが無かった。

偉大なる学者を生み出した特質

ピアジェの例をみると、偉大なる学者を作るためには、いくつもの特質や性格特性が結びついていなくてはならないことがわかる。並外れた知的能力 (ピアジェの場合には、非常に豊かな知的好奇心、理解の早さ、そして綿密な分析的精神と驚異的な総合的把握力の結びつき) が第一の条件となっていることはもちろんである。しかし、それだけでは十分ではない。

マンネングサを探して

　第二の特性は、問題に取り組む独創的手段であり、それが方法と発見を変革することを可能にしている。欠かすことができない他の性格特徴は、任務を完成させなくてはならないという感情である。ピアジェの場合、この感情を青年期以来強く感じ、それは彼の人生の最後まで続いた。これらの特性を実際に働かすために、彼は厳密な仕事の決まりを作っていた。ピアジェは彼の毎日を規則正しい方法で秩序立てていた。彼は毎日の時間を、静寂の中での反省の時間と (自然に接するために散歩しつつ)、その後の著述にあてた時間と、生涯の情熱となったマンネングサ属（sedums）の記述と観察とに、うまく配分していた。ピアジェは音楽、文学、そして若く知的な同僚の仲間を愛し、そして、いつも鋭敏でしばしば反語的な指摘で、同僚に励みを与えた。

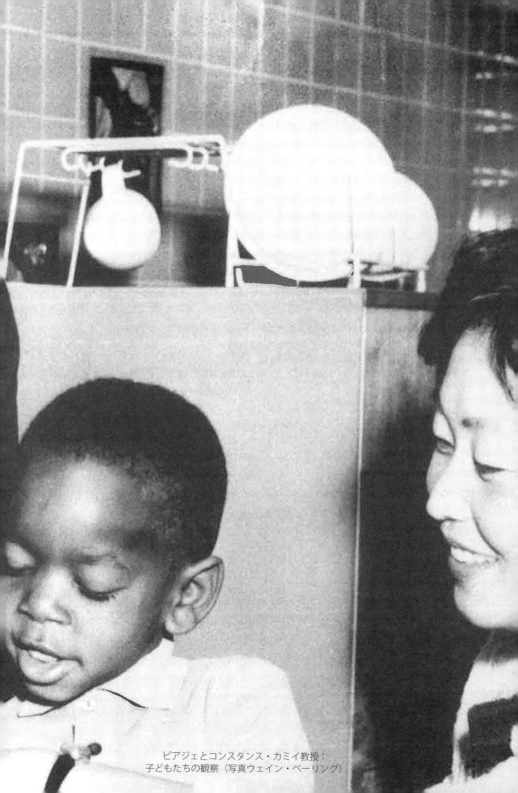

ピアジェとコンスタンス・カミイ教授：
子どもたちの観察（写真ウェイン・ベーリング）

3. ピアジェの業績の進化：
不変のテーマと常に新しい発見

ピアジェの研究で不変であったこと

ピアジェは膨大な科学的成果を生み出すにあたって、研究の問題設定と説明の仕方は常に刷新していったものの、その目的、利用した方法、その基本的主張においては、変わらなかった。

彼の目的は、「認識の厳密さと客観性はどのようにして高まってゆくのか」という認識論的疑問に答えることであった。使用した方法は、子どもとの対話および子どもに示した課題を通して、児童期と青年期にいかに認職が変化するかを研究することである。これは発生的心理学 (認識の形成過程を研究すること) の本質を成すものである。彼の変わることのなかった主張の中から、3つを取り上げよう。

第一に、子どもの知的発達と科学史の間には類似性がある。両者ともに、認識の厳密さと客観性の増加がみられる。その上、子どもと科学者の間には連続性がある。児童期と青年期の間に構成される知的構造は、成人に世界の特徴を探求し、理論を構築する可能性を与える。子どもが自分の認識を改良することを可能にする過程は、科学史のたゆまぬ歩みの中にも見い出される。

第二に、生命と思考の間には類似性がある。われわれが持っている知的構造は、最初、新生児においては、生物学的進化の産物である適応のための（非物質的な）器官のようなものである。その後の発達のすべての段階においても、知的構造は、生命の機能と進化における場合と類似したプロセスをたどって進化してゆく。

最後に、「構成主義」の観点がある。この語は認識が主体自身とその環境のおかげで段階的に構成されるということを意味している。つまり、認識の発達した形式は生得的でもなく、また、環境からすべて取り出されるもので

もない。それは個人の生得的特性と環境的要因に依存しているが、それが構成されるためには、認知的均衡を改善させる性向を持つ活動的主体と、それに反応する環境が必要である。

ピアジェの業績の主要な段階

1．1918 年

理想的な均衡に向かう発展

　この時期のピアジェの中心思想は、すべての現実は全体とその部分の間の均衡によって説明できるということである。理想的な均衡（美、善、真理）は、事実の中に存在するのではなく、不完全な均衡が向かおうとする先にある。

2．1921-1932

子どもは、個人と集団間の均衡の欠如であるところの、自己中心的思考をもつ

　事実−ピアジェは彼の初期の心理学的著作の中で、観察された行動の面において、子どもには大人とは異なる「子どもの心性」が存在することを示した。

　7 歳以下の子どもでは、判断と説明は「前論理」の形をとっている。子どもには相対的概念（右−左、兄か弟か）の理解は不十分で、物理学的現象を人間的現象のモデルによって説明する [p.53 参照]。子どもはグループの中に入ると、他人に話しかけていると信じているが、しかし実際には、しばしば自分自身に話しかけており、他者に理解されることも他者の反応も気にかけない。

　説明−これらの限界や、年少児が我々と異なる世界観をもっているという事実を説明するために、ピアジェは、「知的自己中心性の傾向」について述べている。確かに、年少児の行動はすでに一貫性をもっているが、その思考は他者の思考と対峙するまでは、論理的にならないであろう。したがって、論理の出現は、思考の社会化なのである。

　子どもの研究と並行して、ピアジェは、他のテーマ、すなわち自然科学、精神分析学、宗教等についても論文を発表している。

子どもは他者に話していると思っているが、実際には、しばしば
自分自身に話しかけている（絵　クリスチア・ジリエロン）

3. 1930 年代
乳幼児の活動と対象物の反応の間の準生物学的な均衡

　事実－ピアジェの研究は、実践的な知性が物理的・社会的環境と長く相互
作用を行う過程で構成されてゆく、乳児の認識を対象とした。例えば、1 歳
の最後のころに、乳児は、テーブルクロスの上に置かれた、手が届かない物
をつかみたいとき、それまでそんな方法をとったことがなくても、テーブル
クロスを引いてそれを引き寄せるであろう。もっと幼少なら、その子の手が
偶然にテーブルクロスをつかむでもしない限り、同じ結果に至ることはない
であろう。

　説 明 － ピ ア ジェ は、 こ の 時、 同 化 (assimilation) 過 程 と 調 節
(accommodation) 過程の間の均衡によって、活動が漸進的に適応するという、

写真　ディディエ・ジョルダン

生物学的モデルを用いている。事物に意味を与えるのは、幼児の活動（同化）である。

　同化とは、知覚された、または、想起された感覚与件（感覚データ）と、主体側にある知的構造とを統合することである。

　例1、同一の物（ボール）が、「取る」という行為、「吸う」という行為、「投げ放つ」という行為のいずれかの構造に同化されうる。

　例2、考古学者によって発見された新しい物体は、既存のある物体のクラスに同化される（「これは礼拝用品だ」、「これは武器だ」）。

　調節とは、環境の圧力のもとでの、主体的構造の変化（対象への適応）である。

　例1、手でものをとらえる動作は、物体の大きさによって、修正される。

　例2、ある物体が糸にぶら下げられているとき、「投げ放つ」動作は、「揺り動かす」ために調節されるときには、異なったものとなる。

　例3、考古学者は、礼拝用品であると同時に武器でもある、というように、物の新しいクラスを付け加えざるを得なくなるかもしれない。

4．1930 年代末 -1950 年代末
主体による論理的諸操作の間の均衡

　事実 − 基本的論理は 7 歳ごろから現れる（出現の年齢には個人差が大きい）。それは明白に子どもに必要となり、例えば、数の解釈、物理的変化の理解、事物の分類、空間的および時間的順序付けの方法などのような、事物の理解の仕方を全く変化させてしまう。

　この基本的論理は、青年期に現れる形式的論理の発達のために、必要な段階である。

　説明 − この論理は、子どもが行う諸操作を関連付ける、心的な諸構造が形成されることによって可能になる。ピアジェは、この諸構造の論理モデルを立てている。

　1950 年：認識論への回帰 − 心理学的研究と並行して、ピアジェは 1950 年
に彼の研究すべての原点である問題に立ち戻る大著を発表した。それは『発
生的認識論序説』(Introduction à l'épistémologie génétique) である。

5.　1960 年代から 1980 年まで
心理学、生物学、科学史における均衡への発展過程

　事実 − 論理と因果的説明の進歩は、子どもの精神に前もって組みこまれた
ものではなく、均衡化 (équilibration) の過程、つまり、混乱 (予想の失敗等)
に対する活動の修正 (調整 régulation) によってより良い均衡へと反応する傾
向として、生じるものである。認識の発達を説明するために、さらに他のい
くつかの概念が提起された。つまり特殊な抽象化［反省的抽象］、一般化へ
の傾向などである。

　生物学において − ピアジェは、均衡の過程が前提にあるとし、種の進化を
単純な偶然およびその後の選択により説明することを否定した。

　科学史と認識論において − 科学的認識の (ある所与の領域における) ある
段階から他の段階への移行過程は、子どもの知性の発達がある段階から他の
段階へ移行する過程と類似している。

6.　現在
ピアジェの理論

　インスピレーションの源 − ピアジェの理論は、幼児から成人に至る諸段階
を対象としているという点では、知性の発達に関して最も完全なものであり
続けている。それはまた、最も複雑で最も学際的な理論でもある。

　この理論は発達心理学の多数の研究にインスピレーションを与えてきた。

　ピアジェは、毎年、常にいくつかの論文や著書に引用されている。しかし、
現在ではもう誰も全く同じ問題を提議していないし、厳格に同一の方法で研
究してもいない。

多数の教育学的な実験は、ピアジェの理論に着想を受けたし、今なお受け続けている (それらはほとんどがスイス国外の研究である)。

批判－多数の批判がこの理論に対してなされてきた。それらは以下の３つに分けることができる。
1. 理論の無理解による批判
　たとえば、ピアジェの理論は、一定段階の児童がある形式の推論をすべての内容について一般化して行うと仮定しているので誤りだと主張するもの。これはけっしてピアジェによって主張されたことがない。
2. 認識の性質とその発達の原因についての「イデオロギー的」な相違による批判
　これは、生得論の立場の人々と、その反対に、文化が認識の形成の本質的要因だと考え、ピアジェがこの要因に十分な重点を置いていないと非難する人々による、批判である。
3. 発生的心理学の内部からの批判
　極めて少数だが、彼らはピアジェの研究で見落とされたある側面を発展させることを企図するか、彼のある主張に異議を唱えている。

4. ピアジェによる、
誕生から成人になるまでの知的発達

　児童期と青春期を通じて、個人の知的能力は、常に同一順序で (しかし個人や社会によって異なる年齢で) 必要な段階を通過する。

　各段階あるいは各期は、理解の仕方・課題達成の仕方の質的な転換である。それは新しい認識の単なる蓄積ではない。

　そのようにして、認識の各領域 (たとえば、カテゴリー化して分類する能力 ; 時間の長さの理解と測定、等) は、継起的な段階によって構成されてゆく。

　この構成は、下表に示されるような、4つの一般的な時期で順々に生じる。

発達段階	児童の年齢	特徴的な出来事
感覚運動期	誕生から約 18 か月まで	認識は、事物の知覚と操作における [具体的な] 実行の面でなされる。
前操作期	約 2 歳から 6 歳まで	認識は、心的あるいは言語的に想起された事物を対象とすることができるが、論理が不足している。
具体的操作期	約 7 歳から 11 歳まで	基礎的ではあるがすっかり根本的な論理形式の実現。演繹、分類、時間・空間での体系的な順序付けをする能力。
形式的操作期	約 12 歳から 15 歳ごろまで	成人の複雑な論理の実現。

乳幼児の先天的行動

　生まれた時に、赤ん坊は、生存するための行動 (たとえば、吸啜と、乳首が放れたときに探し出す能力) や、認識と技量を向上させてくれる行動、たとえば、見えたものを視覚的に追跡すること、興味深い効果を生む動きを反

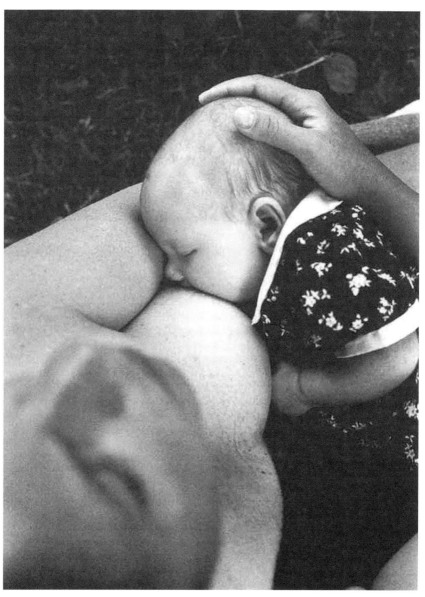

写真　ディディエ・ジョルダン

復すること、この動きを可能な限り修正することなどが、授けられている。

乳幼児の実践的知性

　赤ん坊の実践的認識は、生誕のときから絶え間なく進歩してゆく。重要な革新が9か月ごろの歳に生じる。赤ん坊はある目的を達するために意図的に適切な手段を探し発見することができる。たとえば、ある対象が遠く離れすぎて掴むことができないとき、棒を取ってそれを引き寄せる。

　新しい行動が生み出され、恒久的対象がわかるレベルになる [p.47 参照]。乳幼児に、その子の興味を引き、掴んでみたくなる対象を示してみよう。わざと赤ん坊の眼の前でその対象をクッションの下に隠してみよう。7か月の歳では、大部分の赤ん坊は、消えた対象を探すことはしない。対照的に、約9か月から、赤ん坊はその対象を見つけ出すためにクッションを持ち上げるようになる。

思考の発現と、眼の前にない事物の想起

　2歳のときに、幼児の認識手段にある変革が起きる。語、動作、心的イメージの助けにより、知覚されていない事物 (対象、出来事、人) を想起することができるようになるのである。それ以降、認識は、赤ん坊のようにただ活動と知覚の場においてではなく、思考の場において行使される。

　この段階で、最初は頻繁ではないが、ごっこ遊びが始まり、それは何年か後に子どもの好きな活動となる。

幼児の前論理的思考

　思考の出現から約7歳まで、我々のものと同類の文化環境においては、子どもの推論は、たえず進歩し続けるとはいえど、多くの点でなお限界をもっている。年少児は、同一の現実でも異なる視点から見ることができるということを考えることが難しい。たとえば、主観的なものと客観的なものをよく

写真　ディディエ・ジョルダン

区別できないし、複数のステップの間での論理的演繹を行うことができない。

　この段階で、物理的現実の擬人的説明が多く現れる (「太陽は疲れたので沈む」、「船は石より、沈まないから賢い」)。[p.54 参照]

基本的あるいは「具体的」論理の出現

　約 7 歳から 8 歳までの間に、論理的演繹の数多くの能力が、先行する期間に練り上げられた認識により準備されたとはいえ、突然現れる。8 歳児は一般的に、以前には解けなかったもろもろの小さな問題に、明白な感覚をもって正しい回答をする。

　たとえば、同じ長さの棒 A と棒 B を、次いで棒 B と棒 C を比較するとき、「棒 A と棒 C は長さが同じかどうか」という問いにこの水準の児童は容易に答えられるであろう。前論理段階の、もっと年少の子どもは、「A と C を一緒に見ていなかったので、わからない」と回答するであろう。

形式的論理の実現

　11 - 12 歳と 15 歳の間に、適切な知的刺激によって、より複雑な論理が生じる。これは、青少年に以下を可能にさせる。

1. 二つの参照物を同時に考慮にいれなくてはならない問題を扱うこと。たとえば、天秤竿のバランスを、二つの錘の軸からの距離を操作することによって取らなくてはならないとき、青少年は、錘と距離を同時に考慮する。そのうえ、彼は比例の計算もしている。まだ 9 歳か 10 歳だと、児童は多数の試行錯誤の後でないと成功しない。青少年だと、この種のバランスになじみがなくても、この問題は誤りも躊躇もなく解決できる。

2. たとえば、異なった色の 4 枚の札のすべての可能な順序のように、複数の要素の組み合わせの可能性を吟味すること。

3. 純粋な仮説について妥当性を確かめつつ推論すること、また、言語的命題について推論すること。

写真　ディディエ・ジョルダン

第 1 章の解説

　本章の著者のジャック P. モンタンジェロ (Jacques P.Montangero, 1937-)
は、ピアジェのもとで発生的認識論国際センターの助手を務め、その後、ピ
アジェ文庫の所長となり、ジュネーブ大学の心理教育学部で発生的心理学を
教え、現在は名誉教授となった方である。

　この著者にはピアジェについて詳しく解説した著作『ピアジェ、または知
性の進歩』がある。この本は、2 部からなり、第 1 部では、ピアジェの仕事
を異なる期間に分けて、それらの各々の時期でのピアジェの研究の主題と中
心的な業績を解説している[*1]。第 2 部は用語集であり、知性の発達と機能
を説明するためにピアジェが使用した 30 個ほどの基本概念について、ピア
ジェ自身の定義の引用・具体例・総括・用語の歴史の点から系統的に詳しく
解説している。

　本章は、このようにピアジェをよく知る著者による、要を得た簡潔なピア
ジェ入門となっている。

　本章の内容を簡単にまとめると、まず「進化」がピアジェ理解のキーワー
ドとなることを述べている。つまりピアジェの人生における進化(キャリア)、
研究の進化、子どもの知的進化である。これら 3 つの「進化」をテーマとし
て本章は構成されている。最初に、ピアジェという人物の生涯、アイディア
の原点、研究とキャリアの展開を、年代を追って説明している。また、ピア
ジェの創造性を支えた人格的な特性についても触れている。

　次に、ピアジェが生涯を通じて一貫して持ち続けた中心思想について述べ
た後、ピアジェの主要な業績について、1918 年、1921 年 - 1932 年、1930 年代、
1930 年代末 - 1950 年代末、1960 年代 - 1980 年代、現在 (出版時点) と年
代で区切って、段階的な発展（進化）を示している。

　最後に、ピアジェの知的発達の理論として、4 つの発達段階 (感覚運動期、

前操作期、具体的操作期、形式的操作期) について、要点を簡潔に示している。

注
*1)『ピアジェ、または知性の進歩』で用いられている時代区分を、参考の
ために引用すると、以下のとおりである。
第 1 期 1920 と 1930 年代初め 子どもの心性と、思考の漸進的社会化
第 2 期 1930 年代半ば〜 1945 年　認識の誕生および知的発達と生物学的適
　応の比較
第 3 期　1930 年代終わりから 1950 年代終わり　認識の「カテゴリー」の形
　成の研究のための構造分析
移行期　1950 年代終わりから 1960 年代終わり　操作の構造の優位性と発達
　メカニズムへの興味
第 4 期　1970 年代　認識の進歩に関する多様な説明

引用文献

Montangero, J. et Maurice-Naville, D., *Piaget ou l'intelligence en marche, Les fondements de la psychologie du développement*, Mardaga, 1994 (3ᵉ éd, 2019)

第 2 章

第2章　活動と構成

シルバン・デオンネ

写真　ディディエ・ジョルダン

1. 最初の一歩

　人間は少しの年月の中で、誕生において見い出されるような全体的な依存の状況から、人類によって生み出された最も洗練された科学的な諸理論を吸収できる知的能力の水準へと、どのように移っていくのであろうか？　このような問いに対して、ピアジェは、60年の間、発達心理学の研究によって、それに答えようと努めてきた。

　ジャン・ピアジェによって提示されたその回答は、主要な3つの原理に基づいている。その第一の原理は、個人が現実からつくり出す表象 (représenatation) が、我々が知覚することや心的に創り出すことを秩序立てる、論理的手段に依存することを主張している。第二の原理は、それぞれの人間にとって、その論理的手段は、人類によって計画されたものでも、我々の周囲の人によってそれらを課せられるものでもなく、我々の固有な活動に基づく個人の再構成の産物であるということである。最後の第三の原理は、この構成が、物質的でまた人間的な我々の環境との相互作用を通してなされる、一つの永続的な再構成の産物であるという仮説を擁護する。それゆえ、どんな認識 (connaissance) も、この3つの原理にしたがって考察される、知的な働き (fonctionnement) による当然な帰結である。

　そのような考え方 (conception) において、個人のどんな産物も、それを生み出すことを可能にしてきた知的な手段を考慮して分析される。たとえば、次のページに再現されるような子どものデッサンは、空間の構造化 (structuation) についての一つの状態からの帰結として解釈され、それは観察の欠如または誤った学習の帰結ではない。

　一つの山の表面に垂直な木々を描くことは、実際に、木々が立っている地面に対応する一つの局所座標系と、描かれるすべての事物に対して通用する一般座標系との協応を必要とする。このタイプの協応は、およそ5歳までの

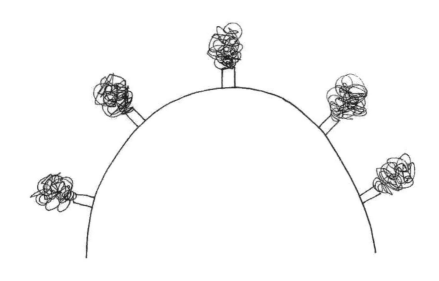

絵　山に描かれた木々

認知発達において自生的に出現する一つの知的構成の産物である。空間の
構造化の段階まで、子どもは、確かに大人と同じ場所に木々を見ている
が、大人と同じようにそれを表現することはできない。彼は、空間の組織化
(organisation) に対する固有の論理によって、それらの木々を表現している
からである。

　我々は、知的発達のピアジェの考え方を例示するために、認識の構成の4
つの領域を選択した。
－保存：これは、環境についての我々の表象の中に確かな安定性の導入を可
能にする。
－因果的説明：これは、世界を理解しようとする我々の意志に依るものである。
－数の構成：これは、世界の科学的構成において必要な一つの要素を構成する。
－空間の構成：これは、我々の行動のための根本的な一つの次元である。

2. 保　存

　美術館の訪問の後、誰でもが、その人が行ったり戻ったりして通った道が何であろうと、「最初と」同じ場所である自分の居住地に戻れることを予想する。同様に、誰もが、目覚めた後で馴染みな事物を再発見することや貯金の「引き出し」または「振込み」をしないならば、銀行口座には同じ金額があることを予想する。このような確信は非常に強いので、もし人が以前に事物を置いた場所にその事物を再発見しないならば、その人は他人によるその移動についての仮説をつくるか、または自分の記憶を疑うことを始める。しかしその人は、その事物が≪それ自身 (de lui-méme) ≫で姿を消しているのではないという事実を疑うことはない。このように人々は、大部分の事物が、それらの同一性を確立することを可能とする物理的特性を保持している、かなり安定した世界の中で活動している。あなたの自動車は、駐車場のスペースに応じて重さと寸法を変えないだけでなく、またそれは、カボチャのように自生的に変化するのでもない。このような世界の概念は、大人にとってあまりにも当然であるので、「おとぎばなし」や空想科学の空想の世界とは反対に、世界を≪現実 (réalité) ≫に限定している。

　しかしながら、このような世界の概念は、子どもが生まれるとき直ちに付与されない。ピアジェによると、生存のわずか1か月の間では、事物は、それが移動し、そして視線からはずれるとき、安定した実体 (entités) を構成しない。≪原初的世界は、自律的な軌道をもつ永続的な対象物によって構成されるのでなく、自分自身の活動の変化によって周期的に無に帰されたり、再出現するような、不安定な知覚的描写から構成される。そのような世界では、視覚の範囲から消える一つの対象物は、その世界から消滅する。≫

　ところで、乳児が永久的変化としてこの状況を見ている誕生期と青年期との間で、個人は対象物だけでなく、またそれらの特性をも安定させる一連の保存

の全体を順次構成する。

　最初の時期において、形状 (forme) と次元 (dimension) の保存 (conservations) は、大きさまたは方向の見かけの変化があるにもかかわらず、乳児によって知覚される対象物の同一視を可能にする。たとえば、より大きくまたはより小さく、より遠くまたはより近くに、傾いているかそうでないかのように知覚された犬は、同じ犬を保っている。次に、対象物それ自体が、知覚に無関係に保存されるようになる。その犬は、もう目に見えないにもかかわらず存在し続ける。この場合に人々は、対象物の永続性 (permanence) について説明することができる。なぜなら［対象物の］存在または非存在にかかわらず、その表象が保存されるからである。

　第二の時期で、子どもは、対象物の変換 (transformations) に関係した一連の保存を構成するようになる。その場合に子どもは対象物、状況、または出来事を同一視することが問題ではなく、一つの変換の後で生じる変化があったとしても、その物理的特性が保存されることを理解しなければならない。たとえば、あなたのコーヒーの中に、一度に溶ける砂糖の量は保存されるのですか？　この保存は、物質の量、重さ、容積、エネルギーなどだけでなく、同様に事物の要素の数、長さまたは表面積についても保持されなければならない。一つの事例として、物質の量、重さまたは容積の保存のような、ピアジェによって構想されたことを例示することができる。

　あなたの自動車をまた例にしよう。ぼんやりした運転手が赤信号の規則を守らないなら、車をへこますだろう。あなたの自動車は、明らかに形の変化を示す。しかしながら、それは、常に物質の同じ量から構成されることは言うまでもない。それは同じ重さをもち、それが構成される部分の全体は同じ体積である。あなたはそれを信じますか？　なぜなら、事故にもかかわらず、あなたの自動車は、道路の上で失うものは何もない。それは、まさに変形されているが、構成の諸部分を保存している。人々がその部分を取ったり、加えたりしないからである。重さについては、あなたに明白に思われるが、そ

絵　2 つの自動車を説明している

　のことはあなたにとって、天秤があなたの自動車証明書に示されている同じ数値を示すことがわかるように、車の重さを測ることで十分である。体積に関係することについては、あなたは一つの疑惑をもつかもしれない。車体によって占める空間が問題であるのか？　それは保存を保持しない。その車は、数センチメートルの短縮があり、数立方センチメートル少なくなっている。あるいはその体積は、構成部分とどんな関係があるのか？　その場合には、その立証はかなり困難である。人々は、その事故の前にあなたがプールにあなたの車を入れ、水位の上昇を測定して、あなたの車の体積が与えられるだろう、ということを想像できる。あなたは、事故の後、同じ操作をやり直すことができる。あなたは、その水位があなたの事故があったときと同じ高さを示すことがわかる。車の変形は保存される体積を変えないし、不変量 (invariant) を保持している。もしあなたが、それを信じないなら、それを試みなさい！　しかし、それをあなたがためらうならば、この保存は幼い子どもにとっても不可能であると考え

られることを想像しなさい！

　関係する諸特性が何であろうと、それらの保存は論理的操作に、また抽象化の水準に密接に結びつけられている。人々が保存に与える異なる妥当化 (justifications) に気づくであろう。

　美術館への訪問と美術館までのあなたの移動にもかかわらず、保存される自分の住居の位置の不変性に関係したあなたの確信の事例を再び取り上げよう。そのような保存の妥当化は、様々な形をとるだろう。

　最初にあなたは、全体として問題の条件が変えられないことを考察できる。いかなる大惨事もが、その地域の地理を変えていないので、その結果、あなたは自分の住居を再発見するに違いない。

　次に、あなたは映画フィルムを逆に送るように、逆の方向で、美術館までの自分の移動を想像することができる。その場合に、あなたは、逆の方向で経路を常にやり直すことができるという事実を主張することによって、自分の居住の位置の不変性を再び判断することができる。最後に、高度の妥当化を進めることが可能になる。それは、移動の幾何学[*1)]に基づいている。

　住居→コンシェの美術館の方向へ、またコンシェの美術館→住居の方向への様々な移動の協応は、一つの無の[移動]結果を生み出す。これは、まるであなたがいかなる移動もしていないようである。これは一つの不変量 (invariant) のよい定義である！

　この最後の保存の妥当化が、最も有力であることがわかる。なぜなら、あなたがその移動の保存を確信するだけでなく、またあなたはそれを証明することができるからである。その上、その保存の構成は、往復の道と回り道を通過する移動を含めた、あらゆる移動の取り扱いを可能にしている。しかし、その構成はさらに、かなり洗練された知的な組織化に依存している。それは、地図作製法のタイプの空間の組織化を必要とする。したがって、保存と知的構成は、非常に強く結びつけられている。

　妥当化の３つの水準を通して、人々は保存の概念 (notion) の極度の豊富さ

に気づくであろう。それは、人々にとって、子どもから大人まで、まさに知的
発達に沿って観察できる世界の安定化 (stabilisation) をよりよく理解すること
を可能にするだけでなく、またそれは我々自身の心の働きについて重要な展望
を開く。我々が今あなたに提示する [以下の] 小さな問題の中にその事実があ
るように、保存はまさにあなたが推論するために役立っている。

ビー玉の問題

　あなたが、2 つのビーカー（bocaux）の前に 100 個ずつのビー玉を置きます。
第一のビーカーは、白い 100 個のビー玉を満たし、第二のビーカーは黒い 100
個のビー玉を満たします。それらのビーカーを隠します。そして白いビー玉の
ビーカーの中の、ひとにぎりの 5 個のビー玉を取り出し、そしてかき混ぜなが
ら、それを黒いビー玉のビーカーに入れます。それから、ビー玉が混ぜられた
ビーカーの 5 個のビー玉を白いビー玉のビーカーに戻します。そうすると、そ
れぞれのビーカーの中に 100 個のビー玉があります。

問い：白いビー玉の中にある黒いビー玉より、黒いビー玉の中にある白いビー
玉がたくさんありますか、その逆ですか。または白いビー玉の中の黒いビー玉
の数量は、黒いビー玉の中の白いビー玉の数量と同じですか？

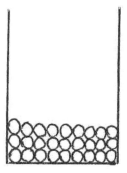

保存の視点から、あなたは、それらの事物が変換されたことに同意する
だろう。そこには2つの移し替え (transvasements) に対する連続した変化
(changement) があったからである。それにもかかわらず、何かが、事物の
一つの特性が、保存された。それは何であるのか？　それは正に、次の応答
を導くことである。

応答：保存されるものは何ですか？ ・・・・ ビー玉の数です (変換の前と後で、
それぞれのビーカーの中に 100 個のビー玉がある。その場合に、一つの方向
でのビー玉の移動は、他の方向での移動を可能にする)。

　一つのビーカーの中にない白いビー玉の全部が他のビーカーの中にあり、
また黒いビー玉についても同じである。ビー玉の数は2つのビーカーの中で
同じであるので (ビー玉の数の保存)、一つのビーカーの中で不足している
白いビー玉は、他のビーカーの中で不足している黒いビー玉と一致している。
それゆえ、白いビー玉の中にある黒いビー玉の数は、黒いビー玉の中にある
白いビー玉の数と常に同じである。人々は、何度もこの操作を続けることが
できる。

　問題の応答に対して、私は移し替えられたビー玉 (白いビー玉と黒いビー
玉) の分配の認識を必要としない。私は、移し替えの前と後の2つのビーカ
ーの中のビー玉の数が同じかどうかを知る必要があるだけである。その点で、
その推論は保存を使っている。

3. 因果的説明

説明とは、なぜかという問いに対する応答である：
どんな原因がどんな結果を引き起こすか？

　人々は、風が木の葉を動かさないままの状態である世界、ペタンク (pétanque)[*2] のボールが投げられた後、空中に留まっている世界、ガラスのコップに注がれた液体が、人がそれを唇にもっていくときに、一度にコップの外に出ない世界を想像することができますか？　毎日の我々のあらゆる生活は≪説明される (expliqué) ≫世界に基づいている。言い換えると、対象物は、原因と結果の全体として表現される一つの世界の中で創造されるということである。しかし、たいていの場合、それらの説明は暗黙的である。我々はそれらを意識化することなく説明を構成する。その一方で、それらの説明は、ちょうど対象物の運動が我々の予想に一致しないときにも出現する。

　ピアジェから見れば、説明、つまり我々が観察したことの原因を探求することは、一つの基本的欲求である。なぜなら、≪それ [説明] なしに [我々は] 現実の世界の認識をもたないからです。それなら、因果性とは何でしょうか？その説明の方法とは何でしょうか？ ≫ (Piaget,1977)

　人々はすぐに暴力的な風、動こうとしない錠、またはよいボールの話をする。その各々の場合において、陳述の人間的な側面をすぐに見つけ出すことができる。風は、感情として巻き起こる。同様に、錠は、我々に抵抗するときには敵対している。人々は対象物の≪運動 (comportement) ≫について、それらがまるで人間と態度 (attitudes) と意思 (intentions) を共有するような説明をする習慣をもっているのではないのか？

　因果性についてのピアジェの考え方 (conception) は、この説明の擬人主義的起源 (origine anthropomorphique) を認めている。≪私は、説明することは常に、我々つまり主体の活動あるいは操作に類似した操作を、対象物に付与すること

に帰着すると考えます。たとえば、[運動の]伝達、合併、移動などです。したがって、因果性は、相互作用する操作子 (opérateurs) として理解される対象物への我々の諸操作の一種の付与になるはずです。≫（Piaget,1977）

　実際に人々は、対象物が合理的な方法によって運動していると考え、そしてそれらの運動を、我々の固有の理由、すなわち思考の固有なシェマに帰着させることによって説明することができる。

　これは幼い子どもに自然現象の説明をさせるときに、原初的形式 (forme initiale) において認めることができる。[たとえば]風は、空気を押す木の葉の揺れによって、あるいは、地面を動かし、息を吹く雪によって、生み出される。船が浮くのは、それが水より強く、耐えるからである。ボールが標的に命中するのは、そのボールがその標的に戻りたいからである。児童文学の中で豊富に再生されるこれらの概念は、子どもが合理性についての自分自身の水準で取り組んでいる、説明の欲求を表現しているだけである。人々は、それらの因果的説明が祖先の万神殿 (panthéon) についての固有の説明から非常にかけ離れているものでないことに気づくだろう。そこでは、神ゼウス (Zeus) が雷鳴や稲妻を起こし、エオル (Eole)*3) が風を生み出している。その各々は、対象物に、

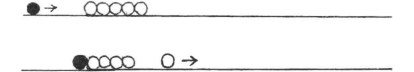

思考の固有のシェマ (schémas) を付与させているだけである。

　そういうわけで、ピアジェにとって、子どもによってなされる因果的説明は、次の事例が示すように、知的操作の発達水準に直接依存する。

　不動な物体を通して運動が伝達されることを説明しなければならない場面を取り上げよう。一つのビー玉が、平面上に一列に並べられたビー玉全体の最初のビー玉に衝突する。人々は、中間のビー玉のすべてが動かされないにもかかわらず、その列の最後のビー玉が離れることを観察する (上の図を見よ)。

　第一水準で、説明は、現象を引き起こす≪打つ (frappeuse) ≫ビー玉と観察された結果を構成する≪受ける (réceptrice) ≫ビー玉を直接的に関係づけるというビー玉の運動を介入させる。それらの運動は、その列の最後のビー玉を直接打つビー玉による、不動なビー玉の追い越し (dépassement) という、正に不可能な移動を介入させることを可能にする。その子どもは、その現象を、自分自身の身体を通して毎日体験している因果関係の固有な考え方（たとえば動いている一人の仲間にぶつかって進む代わりに、その子どもたちの列を走って追い越すことのような) に同化させるだけである。

　第二水準で、内省的な説明が運動の伝達に介入するようになる。≪打つ (frappeuse) ≫ビー玉が、列の最初のビー玉をたたくと、それがほんの少しだけ動かされ、その次のビー玉を動かし、以下同様にして最後のビー玉までを動かす。その時、その最後のビー玉は、前方のビー玉がないので投げ出される。この説明は、まだ人々の一列の中での移動の連続を思い描くことで同化しているにすぎない：その列の先頭の人 [一番前の人] が、前方に投げ出されるのは、

その人は、支えるための前方の人をもたないからである。しかし、この説明は、以前のものよりかなり複雑である。なぜなら、その説明は、運動の伝達について想起させる異なる微小な諸運動の協応を必要とするからである。子どもは、すでに推移性の初歩的形式─最初のビー玉によって有効であることは、最後のビー玉にとってもまた有効である─、また保存の開始─その運動がビー玉からビー玉へと保存される─について説明することができる。

　説明の第三水準は、子どもがそれらのビー玉のすべてを通じて一つのエラン (élan)[*4] の伝達を想起するときに達成される。最初の時期では、その説明はまだ中間のビー玉の微小移動に結びつけられているが、その後それをまったく排除するために、一つの衝突の間接的な伝達を保持するだけとなる。それゆえ、この説明のタイプは、個人が仮説的なやり方に介入させる論理的操作のおかげで、知性によって完全に構成される対象 (エラン、衝撃) を [説明に] 介入させる知的な組織化に対応している。

　我々は、個人がこの衝撃力 (impulsion) を予測することができるとき、また最初の衝突の後で、その列の最後のビー玉によって走行する距離の予想ができるようになるとき、最後の水準が達成されると考えることができる。しかしそのためには、人類が比較的最近になってしか創造できなかった一つの数学的な

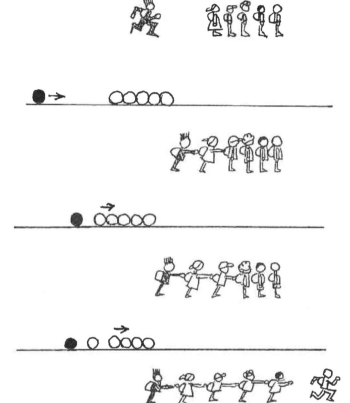

概念化 (schématisme) を必要とする。実際、そのような現象を予測できるため
には、18 世紀のニュートン (Newton) を待たなければならなかった。

　各水準について、提示された説明のタイプが、その作者 [説明者] によって
使用される推論の論理を表している。それは、その現象の中にその固有の知的
な概念化を投影するものである。科学の歴史と同様に、子どもから大人まで観

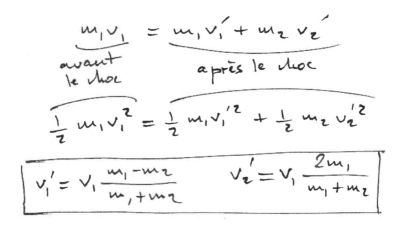

$$m_1 v_1 = m_1 v_1' + m_2 v_2'$$

$$\underbrace{}_{\substack{avant \\ le\ choc}} \qquad \underbrace{}_{après\ le\ choc}$$

$$\frac{1}{2} m_1 v_1^2 = \frac{1}{2} m_1 v_1'^2 + \frac{1}{2} m_2 v_2'^2$$

$$\boxed{v_1' = v_1 \frac{m_1 - m_2}{m_1 + m_2} \qquad v_2' = v_1 \frac{2m_1}{m_1 + m_2}}$$

察された進化は、個人が段階的に進むように、個人が対象物に自分自身の身体的な活動の特徴を付与するような因果的説明から、自分自身の知的道具から生じた一つの形式化 (formalisation) に基づく説明までを示している。

　しかし、その因果的説明が知的発達の水準に依存しているならば、それらの説明は、その個人が実行してきた活動に依存する。対象物に基づく活動によって、人々は世界を理解することができる。さらに、その活動によって、人々は自分自身の知的な組織化を発見することができ、自分自身の能力と限界を評価することができる。

4. 数の構成

　数より自然なものはあるのだろうか？　おそらく数は言語と同じように習得されるものであるが、それにもかかわらず数は学校の援助がなければ、我々が国境を通過し通貨を交換するや否や、失敗にたやすく遭遇させるだろう。

　実際、いくつかの数字の取り扱いによって生み出される幻想（illusion）は、非常に複雑な現実を覆い隠している。かなり特定な、そして非常に抽象的な特性を含む数の構造は、多くの世代の数学者に仕事を与えてきた。毎日の生活からの事例は、それを我々に容易に納得させるであろう。

　レストランにおいて料金を支払う時を想像しよう。結局は単純な行為に至る心的道筋の複雑さをまったく疑うことなしに、その請求書（note）に示された数字に対応した金額を支払うことが我々にとって当然であると思われる。ま

ず、とった食事は、一連の分類の結果である。それらの中の最初のものは、料理から飲み物を分けている。次に、各分類の中で、人々は、他の一つの分類を実行する。一方で、アルコールを含む飲み物またはアルコールを含まない飲み物、また他方で、料理のタイプ：アントレ（スープまたは前菜と肉料理の間にでる料理）、プラ（plat）*5)（メインの肉や魚の料理）、デザートなどである。ここに至っても、我々の知的能力に課せられるプロセスは終わらない。各々の要素は、値段をもっているので、その総額とともに、それらの間の各々に対応をつけることが必要である。場合によっては、夕食をとる客が、すべての料理、またはすべての飲み物を調べて、同じ値段をもつ新しい分類をつくることができるだろう。その方法を追跡すると、料理全体に関係する選択をしなければならない。そして、新しい同等性を設定しなければならない。低い値段の一つの飲み物と合わせたかなり値段の高いプラは、高い値段の飲み物とあわせた非常に安い一つのプラと同じ値段である。しかし、その値段の相殺のタイプを実行するためには、異なる値段を比較し、そして最も高いものから最も安いものまで、または逆に、値段を順序づけなければならない。

　もちろん、このような記述は、多数の水準で、また数多くの状況において続けてゆくことが可能であるが、人々が気づくように、支払いをすることは、請求書に記載された最後の総額の後に隠されていることに視点に当てるならば、単純なことではない！　数の有用性は、分類、順序づけ、同等性の精密化、対応づけなどのかなり複雑な一つの論理的な組織化に基づいている。ピアジェが、それぞれの子どもの数の構成の問題に取り組んだとき、その複雑性を排除するのでなく、異なる年齢で現れる数的能力を専ら中心に据えることによって、子どもがどのように論理的に異なる要素を構成するのか、その統合（synthèse）が数を構成するのかを発見するために努力した。

　以下の小さな練習が、数についてのピアジェの考え方を示してくれるだろう。

並べて数えること

　人々は、動物を同定することを可能にする形態学的差異を見つけると同時に、提示された数的活動を開始することができる。

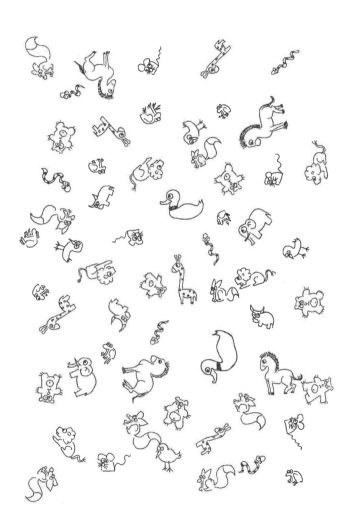

数えるために・・・・・・・・
－安定した基礎をつくる必要がある。すなわち事物の数が、それらが空間に
占める場所に無関係に保存されなければならない。4羽のスズメが並べられ、
そして集められた4羽のスズメは常に4より多くも、少なくもない。

－4頭のウマと4羽のスズメは、数の視点から同じであることを認めなけれ
ばならない。それを認めるためには、それぞれのウマにそれぞれのスズメを
対応させることで、十分である。

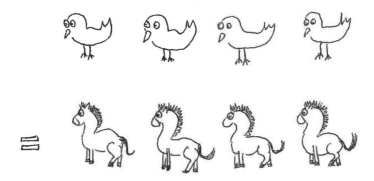

－全部で 2 つの動物、全部で 3 つの動物、全部で 4 つの動物など、まとめることによって、動物全体を分類しなければならない。

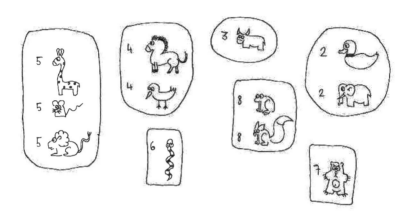

－数によって動物の集合を順序づけ、そして一つの数の系列化を構成しなければならない。

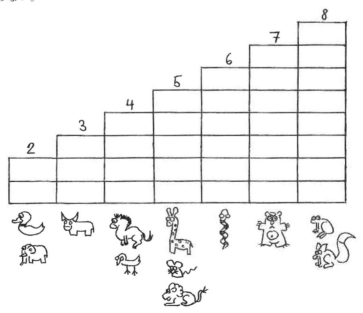

－数え上げ（dénombrement）の各段階に、すでに数えた対象物を含めなければならない。実際、各々の対象物は一つの順序の中に出現し、またそれと同時にそれらを含む一つの新しい集合を限定する。そこに、すでに生み出された他の集合を含める。以下同様に、最後まで数えることを続ける。ピアジェは、その場合に集合の包含を話題にしている。

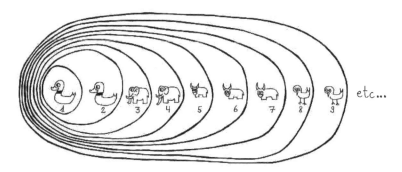

etc...

　レストランの事例のように、並べること、そして計算することは、数の有用性の背後にある一連の心的活動、すなわちピアジェによって操作と呼ばれた論理をまさに必要とする。それらの操作は、毎日の活動を通して子どもによって構成される。実際、横に並べること（range）、縦に並べること（aligner）、分類すること、順序づけること、包含することなどは、子どもが年齢的に早い時期に実行する活動である。それゆえ、子どもがとりわけそれらの活動から構成する操作は、数的世界に特定的ではない。それらは、非常に一般的であり、認識の多くの領域の中に介入する。したがって、それらの操作の介入によって、数が我々の活動の一般的論理に直接に関係するのである。
　しかしながら、ピアジェにあっては、数は一つの特別な地位（statut）をもっている。なぜなら、それは、異なる操作の統合（synthèse）に基づくからである。実際、事例がそれを例証したように、数は、順序（ordre）（1,2,3,4,など）であると同時に分類（classification）（2つの要素の集合、3つの要素

の集合、4つの要素の集合など）である。その統合は、子どもの知的発達にお
いておよそ7－8歳で出現するが、それは一つの段階を構成するにすぎない。
数は、日々の、学校での、そして職業での、あらゆる場面での取り扱いによっ
て再構成され、そして豊富にされ続ける。

5. 空間の構成

　空間の中に身を置くこと、事物を位置づけること、我々の移動の中で目標を
変えることは、空間の一つの組織化を必要とする。たいてい、その組織化は無
意識のままである。我々は、困難にあるとき、たとえば、見知らぬ都市の滞在
のとき、または交通案内図または地図のあやふやな使用のとき、それを自覚する。
　ピアジェにとって、空間の組織化の4つのタイプを考察することができる。
空間の組織化の第一のタイプは、表象化されることを必要としない。それは、
運動的水準で実践的に実現されるタイプである。その場合に人々は、移動の実
践的組織化（organisation pratique）について話題にする。それは、子どもの
発達から2歳になると有効になる。それは、幼い子どもがなじみな世界で、隠
されるかあるいは忘れてしまった一つの玩具または対象物を、困難もなく再発
見することを目撃する多くの両親の驚きのもとである。その第一の［タイプの］
構成から、対象物の空間を構成する表象的空間の組織化の［以下に示す］3つ
のタイプへと引き継がれる。その場合には、もはや空間の中で移動するのでは
なく、空間それ自体を考察する必要がある点で、表象的で同時に客観的な空間
を話題にしているのである。

移動の実践的組織化
　この組織化は、我々のなじみな空間において我々の移動を構成する。移動の
実践的組織化は、なじみな空間での一つの目的に応じて、いくつもの移動を協

応させる。それは、一つの地点から他の一つの地点へ移動することを可能にする運動機能性（motricité）に結びつけられた、徐々に視覚的に目標を得る組織化である。

この組織化は、機能的で能率的であるために、それを使用する人々にとっては、表象化されることを必要としないという意味で実践的である。表象化されないというのは、子どもが動きより他のことを見い出す必要がないからである。しかしながら、ある観察者は、コルナバンのバス停 No.8 からカランドリニ通りへの道を通って美術館に行こうとしている見学者と同じ移動の形を描写することができる。その道筋（下の図）は、本質的に体験され、行動される組織化のタイプの、一つのよい近似を提供している。

毎日の生活の中で、人は一つの目的地の位置（localisation）を誰かに説明しなければならない状況にあるがうまくそれができないとき、その空間の組織化のタイプを自覚することができる。人は≪私はどのようにそこに行くかを知っている。しかし、私はどのようにそれを説明するかを知らない。≫と間違いを認めることになる。この無力の告白は、空間の一つの実践的組織化を示している。

空間のトポロジー的組織化

この組織化は、たとえば座標系（référentiel）または距離を考慮に入れることなしに、一つのことを他のことに関係づけることによって、対象物の位置の空間的表現を可能にする。

あなたはどこにいますか？という問いに対して、あなたは、部屋の中、床の上、天井の下、掛けてある鏡の前、ドアの左、テレビの近くなどと答えることができる。この表現は、我々と対象物との間の空間的関係のトポロジー

的組織化（organization topologique）を示して
いる。人々は、多くの状況の中で、この組織化の
タイプを再発見することができる。ここで表わさ
れた公共交通の路線の駅順の図式は、様々な停留
所の間での≪の近く（à côté de）≫というタイ
プの関係を表しているにすぎない。バス停シャン
トプールは、バス停モンブランの近くである。こ
のモンブラン停留所は、バス停メトロポールの近
くの停留所である、以下同じである。

空間の射影的組織化

　この組織化は、空間を構成する人の視点を考慮
して空間を表現することにある。それゆえ、空間
の射影的組織化（organization projective）また
は射影的空間（espace projectif）は、いくつも
の座標系を協応することを可能にする。なぜなら、
その各々の視点は、実際に一つの座標系を構成す
るからである。

　公共交通の事例は、空間についてのこの新しい
組織化を例示するために、再び取り上げることが
できるだろう。

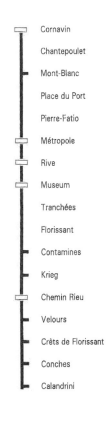

Cornavin
Chantepoulet
Mont-Blanc
Place du Port
Pierre-Fatio
Métropole
Rive
Museum
Tranchées
Florissant
Contamines
Krieg
Chemin Rieu
Velours
Crêts de Florissant
Conches
Calandrini

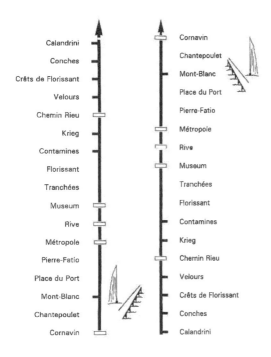

左の2つの図は、第一の図がコルナバン（Cornavin）→コンシェ（Conches）の方向で理解され、一方、第二の図がコンシェ→コルナバンの方向で理解されるという差異を除けば、同一である。第一の場合に、コルナバンが出発点としてとらえられ、またそれが移動の参照物である。一方、第二の場合に、コンシェは出発点としてとらえられる。この2つの描写の協応は、空間の射影的組織化の枠内において可能である。したがって、ある方向で、停留所モンブランはシャンテプールの後であり、他の場合には、それはシャンテプールの前である。もし、あなたがコンシェの美術館におり、そしてコルナバンにいる誰かに、バスが通過してゆく停留所について説明しなければならないならば、あなたは心の中で自分をコルナバンへ位置づけることで、あなたの話し相手の≪視点を取り上げる（prendre le point de vue）≫ことをしなければならない。

　もしあなたがジュネーブの様々な場所にいる話し相手を想像し、コンシェに戻ることができる何かの道を指し示さなければならないならば、この心的体操（gymnastique）のタイプが一般化できる。そのためにはあなたは、可能な話し相手のすべての視点の全体を協応しなければならない。

空間のユークリッド的組織化

　この組織化は、距離を組織化する一つの体系の視点から空間を構成する。この構造化は、平行、角、そして比例の概念の構築を伴う。

　ユークリッド空間（espace euclidien）について、人々は学校で教えられる幾何を想起する。二等辺三角形または正三角形の作図を思い出そう。その形式のすべてが、角度や平行の取り扱いと計算を必要とする。しかし、学校の外でも多くの場面は、空間のユークリッド的組織化（organization euclidienne）に支援を求めている。基礎工事から裁縫まで、同様に地図の解読まで、事物の空間的測定を利用するあらゆる活動またはあらゆる仕事を考えてみよう。

　その点に関して、一つのバスの行程は、さらに我々に空間のこの構造化のタイプについて、よい事例を提供できる。

　次の地図は、ユークリッド的な多くの要素を示している。基本方位（points cardinaux）による位置の決定、計量的側面だけでなく、また距離の比例を再現する表現の縮尺（échelle）、8 番線の行程の異なる区間の表現の中で、角度（angles）の重視によって協応される一般的体系である。

　この表現と、以前の実践的、トポロジー的、そして射影的な表現とを比べよう。このすべての表現は、共通の視点をもつ。それらは、移動を参照している。ピアジェにとって、空間のすべての構造化は、何よりも活動的である。その主体は、自分自身の身体の移動によって、空間の最初の組織化を精密にしようとする。次に、対象物を取り扱う様々な活動は、対象物の空間の一つのトポロジー的組織化を精密にすることを可能にするだろう。最後に、他者の空間を考慮することや学校によって開発される知的活動のような、環境によって提示される様々な知的活動は、その子どもに彼の視点を相対化することに、また我々がよく知っている計量空間を大人と共有することに至らせるだろう。

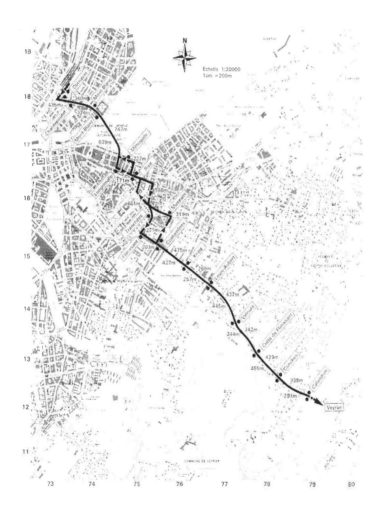

6. 活動と構成、仮のエピローグ

《知能はそれ自身を組織化する中で世界を組織化する》ジャン・ピアジェ

　この提言は、ジャン・ピアジェのあらゆる構成主義的アプローチの中核にある。それは、我々が世界を理解することを可能にする我々の知能の構成と、世界についての我々の理解における変化の根源である我々の活動との、相互依存を主張している。それゆえ、人類の進化の場合と同じように、誕生から青年期への人間の進化は、活動と構成との間の終わりのない一つの相互作用(échange)に依存している。個人と環境のたえず繰り返される対立の中で、新しい知識が構成され、また、新しい知的手段が構造化される。

　ピアジェが取り組んできたあらゆる領域におけるように、ピアジェは個人によって構築されたものを組織のレベルでもとらえていた。しかし、それはいかなる時も決定的ではない。あらゆる構成はつねに相対的である。なぜなら、それは生成途上にあるからである。その起源が、我々の種の歴史の中で失われているが、それがまだ構成を続けているプロセスの中では、あらゆる新しい構成は活動を呼び起こし、それぞれの活動は、新しい活動を引き出す。我々の一人ひとりが、その構成に関与するだけでなく、その構成のために活動しなければならない。

訳注
*1) 移動の幾何学：基本とする移動には平行移動、回転移動、対称移動がある。
*2) ペタンク (pétanque)：金属の球を転がし標的からの位置で得点を競うゲーム
*3) エオル (Eole)：アイオロス、ギリシャ神話の風の神
*4) エラン (élan)：跳躍。哲学用語《生命の跳躍 (élan vital) 》がある。
*5) プラ (plat)：皿に盛った料理

原注
＊全体のデッサンは、ジェリ・コソン (Gieri Cosson)

第 2 章の解説

　本章の著者シルバン・デオンネ（Sylvain Dionnet）は、当時フランス・グルノーブル大学（Univeristé Joseph Fourier, Grenoble）の教授であったが、発生的認識論国際センターで、ピアジェの実験協力者（助手）として、また『発生的認識論研究紀要（EEG)』の執筆者として活躍した研究者である。

　デオンネは、本章≪活動と構成≫において 4 つの領域として「保存」「因果的説明」「数の構成」「空間の構成」を取り上げているが、これはピアジェの膨大な子どもの認識の発達研究の中でその中枢部にあたる領域である。以下、それぞれの領域の研究が、どのような意図で進められてきたかについて述べ、さらに研究の発展の方向性を示す。

　「保存（conservation)」は、ピアジェによって発見された子どもの認識の発達指標と見ることができ、ピアジェの認識の発達研究の根幹となっている。ピアジェは、子どもの認識の発達を 4 つの段階（水準）：「感覚運動的知能段階」「前操作的思考段階」「具体的思考段階」「形式的思考段階」によって示した。この「前操作的思考段階」から「具体的思考段階」への移行は 7 歳ごろを境目としているが、「具体的思考段階」の特徴は「可逆性」の出現であり、それによって「保存」が可能になるからである。この「保存」の獲得によって、子どもは論理的思考を生み出し、徐々に安定した論理的思考を可能にする。しかし同じ操作でも、異なる内容に適用されるとき、その操作が可能な年齢に差が認められる。数、量、長さの保存は 7 〜 8 歳ごろに、重さや体積の保存は 9 〜 10 歳ごろ形成される。ピアジェはこの差を≪デカラージュ（décalage）≫と呼んでいる。

　本章の著者は、保存の概念の基盤となる事物の同一性、永続性について具体例をあげて説明した後、≪関係する [事物の] 諸特性が何であろうと、それらの保存は論理的操作に、また抽象化の水準に密接に結びつけられている。≫（本

書 p.50）と指摘する。その後でデオンネは、人の移動における不変量、2 つの
ビーカーに入れたビー玉の移し変えにおける不変量に注目して、保存の概念を
説明している。

　この保存の獲得が、ピアジェの認知発達研究における発達の指標としてあら
ゆる場面で使用される。以下に述べる「数概念」「空間概念」の発達において
も保存の獲得の前後での認識の顕著な違いを見ることができる。

　「因果的説明」については、本書ではデオンネが、子どもによって与えられ
る因果的説明が知的操作の発達に直接的に依存すると指摘しているが、とくに
前操作的思考段階の子どもが特有な因果的説明の原初的形式を生み出すことに
注目したい。前操作的思考段階の子どもは、「風は、空気を押す木の葉の揺れ
によって生み出される」「船が浮くのは水より強いから」のような説明がみら
れる。では、因果的説明はどのように生まれるのであろうか。前操作的思考段
階以前の子どもが活動を反復しても因果性を生み出さない。因果的説明ができ
るためには、目的の意識化、可逆性の獲得によって、対象物の関係に論理をあ
てはめることができる具体的思考段階を待たなければならない。

　ピアジェの因果性の研究は、大きな 2 つの段階によってなされてきた。第一
の時期は、『児童の世界観』（1926）と『児童の物理的因果性』（1927）として
発表された時期である。ここでの研究では、前操作的思考段階の子どもが特有
な因果的説明の原初的形式を生み出すことが示されている。子どもの因果的説
明が、実念論、アニミズム、人工論というような諸形式から始まること、それ
を整理した子どもの因果的説明の 5 つの特徴と 17 種類の因果関係が示されて
いる。

　第二の時期は、1960 年代の発生的認識論国際センターでの研究テーマとし
て取り上げられた時期（1965 ～ 1969）であり、5 年間に及ぶ長期研究である。
この時期の研究成果は、『発生的認識論研究紀要（EEG）』として第 25 巻『因
果性の理論』（1971）から第 30 巻『力の合成とベクトルの問題』（1973）まで、

全6巻が出版されている。本書第2章の執筆者のデオンネは、この第二の時期の因果性の研究を分かりやすく解説している。デオンネは、因果性についてピアジェの独創的な解釈を指摘する。ピアジェはブランギエとの対話の中で≪私は、説明することは常に、我々つまり主体の活動あるいは操作と類似した操作を、対象物に付与することに帰着すると考えます。たとえば[運動]の伝達、合併、移動などです。したがって、因果性は、相互作用する操作子として理解される対象物への我々の諸操作の一種の付与になるはずです。≫（Branguier, 1977, p.94）またピアジェは、≪対象物は合理的に行動すると考えるのです。対象物は我々の数学的操作と同型の構造に従って相互に作用し合っているのです。その構造がなかったら、我々は対象物を理解することはできなかったはずです。≫（ibid., p.94）

　このような視点からデオンネは、本章で、運動の伝達の実験（ビー玉の衝突実験）を通して、子どもの因果性について3つの水準を説明した後、≪個人が対象物に身体的な固有な活動を付与するような因果的説明から、固有の知的道具から生じた形式化に基づく説明までを示している。≫（本書 p.58）と述べている。

　発生的認識論国際センターは因果性の研究として、上記の2冊の他、第26巻『因果的説明』（1971）、第27巻『運動の伝達』（1972）、第28巻『運動の方向』（1972）、第29巻『力の概念の形成』（1973）を出版している。

　「数概念」の発達研究は、ピアジェの初期の研究から開始されてきた。ピアジェは『数の発達心理学』（1941）において、数概念の発達の基礎となる1対1対応の不変性（数の保存）、系列化、全体と部分の関係（類化）などの実験を通して、数概念の形成を、基数の認識と序数の認識の統合であるとして説明した[*1]。とくに基数の概念の基礎として事物の分類（クラス化）とクラスの包摂関係の論理操作を、序数の概念の基礎として事物の順序関係（系列化）の論理操作を位置づけしている。

　これらについては、本書でデオンネが≪数は一つの特別な地位をもっている。なぜなら、それは、異なる操作の統合に基づくからである。（略）数は、順序であると同時に分類である。≫（本書 p.64）と指摘した点である。さらにデオンネは≪その統合は、子どもの知的発達においておよそ 7 〜 8 歳で出現するが、それは一つの段階を構成するにすぎない。数は、日々の、学校での、そして職業での、あらゆる場面での取り扱いによって再構成され、そして豊富にされ続ける。≫（本書 p.65）と述べて、数概念の形成の継続性についても指摘している。ピアジェの数概念の発達研究は、その後、『発生的認識論研究紀要（EEG）』として第 11 巻『数の構成の問題』（1960）、第 13 巻『基本的数の構造』（1962）などの研究が続けられた。しかし、これまでの数概念の発達研究では整数が対象とされており、小数、分数、正負の数、無理数など領域については取り扱われていない。今後の研究課題である。

　「空間認識」の研究では、代表的著書『子どもの空間概念』（1948）がある。この中でピアジェは、子どもの空間概念の発達を 3 つの段階によって説明している。第 1 段階は、トポロジカル（位相的）な認識によって成立している空間概念である。この段階の子どもは、事物の大きさや形、とくに直線や角に注目せず、ただ図形が閉じているか開いているか、一つの図形の中にあるか外にあるかなど、図形のトポロジカルな（線のつながり）見方しかできない。たとえば、幼い子どもは、円と三角形とを区別なく円形の閉じた図形で表現する。第 2 段階は、プロジェクティブ（射影的）な認識によって成立する空間概念である。この段階の子どもは事物を一つの視点から表現することができる。幼い子どもの絵では、ビーカーに入った水は、ビーカーを傾けても傾ける以前の形を保っている。また本書の事例で示されているように、山に描かれた木々は一つの視点から見て一定の方向に延びている。第 3 段階は、ユークリッド的な空間概念である。この空間では水平と垂直の 2 つの軸によって事物の位置関係を定めることができるとともに、距離がわかり、平行や垂直などの概念が形成される。

本書では、デオンネが、通常説明されている空間概念の3段階に対して、トポロジカルな段階以前の段階を示していることが特徴である。これは、感覚運動的知能段階の乳児における空間認識を示したものである。幼い子どもが事物の永続性に気づくとき、事物の移動がないことを認識しているのである。デオンネが述べているように、この第一のタイプの空間の組織化は、事物の表象化を必要としない。そして、この第一のタイプの構成から、対象物の空間を構成する表象的空間の組織化の3つのタイプへと引き継がれるのである。

　ピアジェの空間概念の発達研究は、上述した『子どもの空間概念』(1948)のほか、『発生的認識論研究紀要（EEG）』として第11巻『空間の発生的認識論』(1964)、第12巻『空間的保存』(1965) などの研究が続けられてきた。

　とくに感覚運動的知能段階の子どもの空間概念の発生（対象物の永続性、移動など）は、『知能の心理学』(1952) を参照されたい。また具体的操作段階以降での空間概念の発達研究として『子どもの自生的幾何』(1948) がある。この幾何はユークリッド幾何であり、距離、長さ、角、面積、体積などの概念の発達について14の実験が紹介されている。

注）

＊1）これまでの数の認識論では、ラッセル（Russell, B.）をはじめとする論理主義者は基数をクラスの概念に、序数を関係の概念に還元できるとした。一方、ポアンカレ（Poincaré, H.）をはじめとする直観主義者は整数の根源を理性的直観によって説明した。これに対してピアジェの説明は、発生的認識論に基づく新たな提言となっている。

引用文献（本書以外）

・Branguier,J.-C., *Conversations libres avec Jean Piaget*, Paris, Robert Laffont, 1977.
　［大浜訳『ピアジェ晩年に語る』国土社, 1985］

参考文献

・Piaget,J., *La représentation du monde chez l'enfant.* Félix Alcan, 1926.

　［大伴訳『児童の世界観』同文書院, 1955］

・Piaget,J., *La causalité physique chez l'enfant.* Librarie Félix Alacan, 1927. ［岸田訳『子どもの因果関係の認識』明治図書, 1971］

・Piaget,J., *La psychologie de l'intelligence.* Librairie Armand Colin, 1952.

　［波多野・滝沢訳『知能の心理学』みすず書房, 1967］

・Piaget,J. et Inhelder,B., *La developpment des quantités chez l'enfant.* Delachaux et Niestlé, 1941. ［滝沢・銀林訳『量の発達心理学』国土社, 1965］

・Piaget,J. et Inhelder,B., *La représentation de l'espase chez l'enfant.* PUF. 1948.

・Piaget,J., Inhelder,B. et Szeminska,A., *La géométrie spontanée de l'enfant.* PUF. 1948.

・Piaget,J. et Szeminska,A., *La genèse du nombre de l'enfant.* Delachaux et Niestlé, 1941.

　［遠山・銀林訳『数の発達心理学』国土社, 1961］

・波多野完治編『ピアジェの認識心理学』国土社, 1965.

・波多野完治監修、中垣啓編『ピアジェの発生的認識論』国土社, 1984.

第 3 章

第 3 章　考えるときに頭の中で何が起こっているか？

マデロン・サーダ

アレックス・ブランシェ

ローラン・パスキエ

エミール・リース

この章は、子どもたちの作品に捧げられている。これらの作品は「私が考えるとき、私の頭の中で何が起こっているか」という基本的な質問に答える形で制作された。この質問はピアジェ生誕100年祭のテーマ「思考の進化」との関係で選択されたものである。

　この章の目標は、3つある。すなわち、1) ピアジェ理論および現代の心理学者にとって、子どもの表象の研究が重要であることを強調すること、2) 子どもたちの作品の豊富さと多様性を示すこと、3) 人間の心の機能について子どもたちが作りだす表象を説明すること、である。

　この複雑な質問は、ジュネーブの学校の子どもたちに投げかけられたのだが、最年少の者に始まる、非常に多くの子どもたちの興味をそそり、その結果、4歳から12歳までの約500人の子どもたちによって、作品が制作された。これらの作品は、図画、3次元でのモデル、切り抜き絵など、多様な性質のものである。それらには、しばしば、子どもたちがそれらの表現を説明するために述べた解説が添えられている。作品制作に着手し準備するのを助けるために、教育的な資料が提示されたが、それによって、教師と生徒たちは、与えられた質問をよく理解することができた。

1. ピアジェと子どもの表象の分析

　ジャン・ピアジェは、常に子どもたちの作り出すものの豊富さと創造性と新鮮さに魅惑されていた。大人は、明らかに、それほど彼に感銘を与えなかったのである。ピアジェは、大人たちがあまりにも遠慮しすぎており、彼らが自分自身で本当に思っていることを探究するより、むしろ習ったことを繰り返すように駆り立てられていることを、残念に思っていた。就学年齢となると、同じく子どもたちにおいても、この誘惑があることを、ピアジェは見い出していた。

　彼らの創造性を余すところなく発揮させるためには、心理学者がしばしば頼ってきた標準化された質問は、あまり適切ではない。ピアジェは、むしろ、これらの学者の卵 [= 子ども] との対話をすることで、独創的な考えや意外な観点をじっくり見い出すことを好んでいた。それは、彼らをとり囲む世界、彼らが想起すること、彼らの議論、彼らの理由付けを理解するためにであった。これらの推論は、大人のものとは異なっていたり、理解するには若干の困難があったりする場合があっても、ピアジェはそのようにして固有の一貫性を持っている思考法を発見した。多くの大人たちは、子どもたちの言葉や、一見愚かな行動を見て、笑った。ピアジェは、それらの基礎にある、一般的な思考形態を明らかにする中で、それらがもつ論理を示した。それと同時に、それらの思考形態の限界と、それらが次第に発展する仕方を示した。

　以下は5歳の子どもで観察された行為の例である。子どもに、正方形のボール紙を見せた。その子は、難なくそれを認識し、そしてそれがどんな名前かを知っていた。それから、質問者はこの図形を45度回転し、子どもに再び何が見えるか聞いた。

　彼は答えた：「いいえ、それは正方形ではありません。これは、ここと、ここに（上と下に）小さい角を持っています。

これは同じではありません。もっと大きいです。」

これはどのように見えますか？

「こっちのほうは、尖った先があります。もう一つのほうには、ありません。」

これは何ですか？

「これは２つの三角形です。」

この推論は、おそらく大多数の人々にとっては、ただ面白いと思わせるだけのものであろう。ピアジェにとっては、それは一連の観察の中に組み込まれ、子どもが諸対象および空間における諸対象の関係をどのように表象するかについての仮説を定式化させてくれるものとなった。

ピアジェは、子どもたちの思考を的確にとらえるために、彼らに様々な問題と奇妙な状況を提示した。小さいコップから大きいコップにシロップを移し換えたとき、シロップの量は、増えるのか、減るのか、同じなのか？　野原には、ひなぎくと、花と、どちらがたくさんあるか？　瓶を傾けたとき、その中にある水は水平のままにとどまるか？　これらの質問は、大人にとっては、拒絶したくなることもあるほど、答えは明白である。しかし、それらは子どもには本当の議論の対象となるし、質問すれば、子どもは、どうしてそう思うのかを説明することもできるのである。ピアジェは、このようにして、発達における各時期（段階）を明確化した。これらの段階は、子どもが発達過程で順次構成してゆく推論の型に対応している。[p.33 参照]

このようにして、ピアジェは、以前には不十分であるか、あるいは、ばかばかしいと考えられていた思考形態を正当なものと認めた。これら異なった思考の諸形態がどのように構成され、進化するかを示すことで、将来成長して大人となったときに不可欠な資質を豊かに備えた、まったく同等に完全な人間として子どもを見ようとする、ルソーの理念を具体化したのである。

けれどもそれに加えて、彼は、この子どもの認識が手間をかけて構築されることと、数世紀をかけて科学的認識が構築されることとを、同様の視点から見ることを試みた。ピアジェが明らかにしようとしたのは、素朴であろう

と学問的であろうと、これらの構築の背後にある、知識の創造のプロセスそのものである。

　ピアジェは彼の初期の研究で、子どもがもつ、世界の表象に興味をもった。つまり、風、雨、雲はどこから来るか、月あるいは太陽は移動するときに何をしているのか、夜にいっぱい出てくる夢はどこから来るのか？　もし、雲は湯を沸かす鍋から来るとか、風は動く木の葉から生ずるとか、雲は我々が歩く後についてくるとかというように子どもが考えるなら、それは子どもが、自分を取り囲む事象を自分のみの視点によって、また、彼に親しみがある行動との関連から、解釈しているからなのだ。[p.54 参照]

　これらの最初の研究以降、子どもたちが数、論理、空間的・時間的概念、物理的因果性をどのようにつくりあげるかを把握するために、何百という実験状況がジュネーブの学校の子どもたちに提示された。

　けれども、これらすべての研究にもかかわらず、子どもが我々を驚かすことには終わりがない。最近、新しい調査研究が、子どもが自分自身および他者の心の働きについて抱く表象についての研究にまた取りかかることとなった。

2．心の理論についての現在の研究

　子どもたちの作品に捧げられた、展示会のこの部門［＝本章］では、研究者と教師たちは、子どもたちが描いた、人間の心の性質と機能の表象に関心をもった。ある意味で、彼らは子どもについてもっと知りたかったのである。子どもは、思考の性質について、知識の内容と組織について、脳の構造と機能について、行動に割り当てられた目的について、環境における情報を処理し主体の反応の基礎となるプロセスについて、どのような理論を構築しているのだろうか？

　ピアジェが興味を持っていたこれらの疑問は、今日も多くの心理学者の重大関心事であり続け、現在、「子どもの心の理論」と通常呼ばれる、新しい勢いのある研究分野となっている。

　これらの研究の主な考えは、子どもの認知的・社会的な発達は、思考の性質および人間行動における思考の役割に関する、ある種の基本的な信念によって、決定的に影響されるということである。

　子どもは、単に第1次の精神状態、すなわち意図、意志、目的を持つだけではなく、同様に、第2次の精神状態、すなわち、自分自身の思考と他者の思考についての信念および省察、をもつと考えられる。第2次のこれらの精神状態は一般に「メタ表象」（méta-représentation）と呼ばれる。これらは、音声・書記言語の獲得、道徳的な判断、記憶、問題解決における社会的な相互作用などの、認知的・社会的発達に重要な影響を与えると考えられる。

　子どもの「心の理論」の発達における決定的な段階の一つが、表象の道具としての、心の一般概念の構築である。ある年齢から、子どもは、人々が、実際の世界に直接基づくのではなく、世界についての表象に基づいて行動していることを理解する。その上、子どもは、これらの表象が時々虚偽であり得ること、それらが常に客観的な現実に対応するわけではないこと、ま

た、それらは自分自身がもつ表象とは異なることも理解する。このものの見方のおかげで、子どもは、欺瞞やいんちき、満たされない願望、未完了の意志、外見と現実の区別、振りをすること、シミュレーションすることなどのような種々の心理的な現象を理解することができるようになる。

　多くの研究者は、心の表象的概念は4歳から5歳頃に始まると考えている。彼らは一般的に、以下のような課題での子どもの遂行能力をもとにして判断する。子どもに、マキシという子が台所の引き出しの中にチョコレートをしまっておくという話をする。マキシが外で遊んでいる間に、彼の母はチョコレートを引き出しから取りだして、食器棚に入れてしまう。「マキシが部屋に戻って来たとき、チョコレートを探すために彼はどこに行くか」を、子どもに予測してもらう。3歳の子どもたちは一般的に、マキシは母がチョコレートを入れておいた場所に探しにゆくと考えるが、これは、彼らが、チョコレートの本当の位置と、マキシが知っている位置とを区別していないことを示している。しかし、4歳あるいは5歳以後、子どもたちは、マキシがチョコレートを探しに引き出しの方に行くだろうと予測する。つまり、彼らは、動かされたことを見ていないマキシは、実際の状況について妥当でない信念をもってしまうことを理解しているのである。

心の理論についてのほとんどの研究は、表象の手段としての心の理解の最初の出現と、それらの生得的あるいは後天的起源を対象としてきた。研究者たちは、一般的に2歳から7歳の間に「心の理論」が生じると考えている。子どもがひとたび心の表象的な性質を理解したとき、その子どもは思考の内容と機能をどのように考えるのだろうか？　「考えるとき頭に起こっていることを描く」という課題を我々が子どもたちに示したのは、この目的のためである。彼らの作品の研究は、人間の心の機能について彼らが抱いている表象について、情報を得るためなのである。

写真　ディディエ・ジョルダン

3. 心理学者による描画の研究

　心理学において多数の研究が、子どもの描画について行われている。これらは、描画の発達が直接的な目的としての関心事である研究と、描画を子どもたちの表象を理解する手段としている研究とに分けることができる。

　第一のケースでは、子どもにおける、図形的、映像的、絵画的表象の諸能力とその発達を特に明白にしようとする。第二のケースでは、知覚、記憶、心的表象、性格、情緒のような、いくつかの心理学的機能を研究するために、描画を使う。ピアジェおよび彼の協同研究者によって行われたよく知られた研究は、空間の表象に関わるものである。彼らは、5歳から12歳の子どもたちに、傾斜した瓶の中の水面の絵（水平性）と、山上にある、家あるいはモミの木の絵（垂直性）を描かせた。子どもたちは水面は水平で、モミの木は垂直であることをとにかくは理解していても、彼らにおいては水平的・垂直的な座標系は徐々に構成されてくるものであること[*1)]を示すことで、ピアジェたちは空間の表象の理論を導き出した。

　同じように我々のアプローチも、子どもの描画研究の第二のケースに位置づけられ、子どもたちの作品の背後にある概念と、彼らの思考の性質と機能に関わるものである。

　しかしながら、これらの作品を根拠として心に関する子どもたちの表象について厳密な研究を行うことには、ある留保をつけて考える必要があろう。この留保の理由はいくつかある。第一に、作品をつくりあげる準備の段階で、教室において子どもたちの間や教師と子どもの間でやりとりが行われたことで、作品に表現されたテーマには、ある類似性がもたらされているかもしれない。第二に、子どもたちに与えた質問には、「心は複雑なものだ」という本質的な困難がある。

　心理学者自身が、心や、心の機能や、年齢にともなう心の発達に関して、

共通した統一的理論を立てられていないのは、故あってのことである。その
うえ、心の機能に気付くには、メタ内省（métaréflexion）と呼ばれる、自分
自身の省察について内省する能力が必要となるが、それは年少の子どもでは
ほとんど発達していない。さらに最後に、心に関する表象・概念・観念を、
イメージに富んだ形で写実的に描写することには、無視しがたい困難さがあ
ることを考慮に入れることが必要である。子どもは、図画あるいはモデルと
して表現することができない場合であっても、心について正確で比較的精緻
な観念をもっている可能性がある。

4. 子どもたちから見た心の働き

慣れ親しんだ状況

　子どもたちの作品を通して、彼らの表象について何が言えるだろうか？
前述した理由によって、我々の目標は、提示された質問について子どもたち
が描いた表象の理論を作り上げることではない。むしろここでは、作品に接
した人が作品を解読する案内のために、子どもたちの表象を特徴付ける、い
くつかの基準を見つけることに重きをおきたい。

　心の働きについての子どもたちの観念は、慣れ親しんだ状況（コンテキス
ト）との関連で彼らが組織化した内容によって表されている。その状況は、
学校の中外の、我々の文化の中で伝えられる社会的な表象と広く結びついて
いる。

社会的な状況

　これは、頭脳の一般的な制御を担った、中心的人物がいるのを描くことに
対応している。しばしば、情報を運んだりコミュニケーションしあうために
分担して管理をしている、複数の人物たちが一緒にいたり、代理を務めたり

している。

機械的な状況

　これは、歯車装置、起重機、滑車、液体や固体を一定方向に導く回路網（ベルト・コンベアなど）による、動きとエネルギーの移動によって描かれる。

情報的な状況

　これは、しばしば情報の流れの方向を指し示す矢印が記された、複雑に絡み合った回路として表わされる。同様に、多少とも階層化された制御（中央の箱）、分散的制御（結びつけられたいくつもの要素）、記憶（情報の貯蔵）、情報処理（たとえば一つの玉が動き回る導管）を示している。

テクノロジー的な状況

　これは、録音機、ビデオ録画機、電卓、テレビ・カメラ、写真機などのような、機器の働きを指している。子どもたちは、人間の手でつくられた道具によって、一方では、思考による情報の獲得とその保持（記憶作用）、他方では、情報の入力と出力と貯蔵の間のつながりを、示しているのである。

生物的な状況

　これは、生体、特に、脳に関係している。子どもたちがそれらについて持ち得た知識、特に、かなり複雑にもつれあった回路・水路・導管の中の、神経的な流れと血液循環に関する知識に依っている。感覚器官は、情報の流れの入力（しばしば耳）と出力（しばしば口）の役割を演じている。

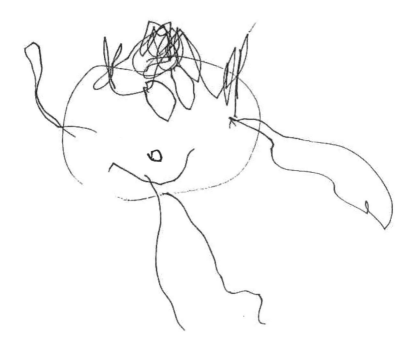

根底にある中心観念

　作品に表された状況は多様で、かつ、それらは交じわりあっているものの、根底にある中心観念（idée-force）と関連付けながら、内容によって作品を特徴づけることができるように思われる。

典型的な内容	根底にある中心観念
歯車装置、滑車、ベルトコンベヤー、輸送機関 電気の回路 血液循環	回路
発電所、モーター、バッテリー、流れ	エネルギー
中心的な管理者、コントロールパネル 連結された複数の人々あるいは装置 ウイルス（妨害されたコントロール）	コントロール
入力→出力（例　耳→口） 質問→応答、計算、コード化 鏡による反射 光による問題解決：電球、ろうそく SOS 情報の箱	情報処理
記憶の引出し、コンピュータの記憶、映像の保存	記憶作用
心的イメージ：出来事、人々、物の想起 　　　　　　（良い成績、自分の犬、母） 夢	思考の内容
成功の快感 喜び、悲しさ、愛情、意地悪さなど	情緒的状態

複雑で、活動的で、統制された働き

　頭の中で起きていることを表そうとするとき、子どもたちはしばしば、機械あるいは回路のような（図1）複雑なシステムを描いたり、作図したりしようとする。もつれあったコードや管や電子回路は、脳の解剖学の知識を参照しているのかもしれないが、歯車装置（図2）、滑車、ボールが走り回る回路は、むしろ、思考は複雑であること、あるいは、思考は連鎖や複雑な連関の結果であることを表している。

　これらの回路は不活発なものではない。それどころか、子どもたちは無数の種類の動きあるいは流れを表現しようとする。頭には炎あるいはランプが燃えている。脳は、液体や歯車や乗物やメッセージを動かす、エネルギーの貯蔵所・電池を中に納めている。

　いくつかの描画は、一方では、子どもがよく考えないか、あるいは問題の答えが見つからないため、回路が停止した状態を、他方では、循環が起き、反応がほとばしる状態を示している（図3）。

　このシステムは複雑で、ダイナミックであるけれども、無秩序な方法では働いていない。子どもは、電子機器（電卓、コンピュータ）、制御盤、また、非常にしばしば、子どもが表したい働きに応じて、一つのあるいは複数のコントロール・センターの中にいる小さな人々により、コントロールと能力を表現しようとする（図6）。

　内部にいる一人あるいは幾人かの小さな人を用いているのは、内的な対話、意思、意志決定を表現するための、写実的な方法である。意志力を持つ、内的な小さな精霊を用いずに、意志の観念を表現することは難しい。

　我々に考えることを可能にする、複雑で、ダイナミックで、そして制御された回路は、様々な性質の情報を扱わなくてはならない。思考は、様々な感覚や、結合し合いつながり合う様々な情報に、関連付けられている。子どもたちは、情報が、耳あるいは目を通して入り、そして若干の迂回路の後に、口（知ることとは話すことである！）あるいは他の耳に到達すると想像する（図4）。

　考えるとは、すぐに反応しないことである。停止する時間をとること、関係づけること、新しい手段を探すことである。子どもたちはこの反省の時間を、曲がりくねった経路や、情報が通り抜けなくてはならない一連の処理として、表現する。ときには、鏡の働きによって、裏返しに書かれた情報を読んだり、回路の一部を反射したり、情報を映し出したりする。彼らはまた、困難な場合に出動する、非常用の脳を想像する。そのようにして、この働きすべては、思考が目的を達成すること、つまり、光明が訪れ、質問への答え、計算や問題の解答を見つけることを可能にしている。

　けれども、思考とは、頭の中にある情報を見つける能力でもある。記憶は、しばしば知識の貯蔵所の形で描かれる。それはしばしば、フランス語あるいは数学のような学科のいずれかに割り当てられた脳の領域である(図5)。または、もっと具体的に、整理用事務室、図書室、思うままに調べることができるファイルでいっぱいの、引出しである。

　ある子どもたち、特に最年少児にとっては、彼らの頭に起きていることを最も良く表すのは、何よりもまず、「内容」を想起できるということである。たとえば、彼らの母、サッカーの素晴らしいゴール、彼らの犬、数学のカードなどが、彼らの考えを満たしており、彼らのために大切なものを最もよく表しているように思われる(図7)。

　最後に、考えるということは、反省したり、論理的に推論したりするだけではなく、感じることでもある。若干の子どもたちは、彼らの思考の中に時々入ってくる喜び、悲しみ、愛あるいは悪意を表現するために、場面あるいは典型的内容を通して、異なった感情の状態を描いている。

　先に述べたように、提出された作品全体の徹底的で厳密な分析は、この基本的な目録の目的ではない。しかし、いくつかの一定の特性は強調しなくてはならない。

1) 表現された内容から推定される、様々な中心観念は、すべての年齢に存在する。

2）同じ学級でも、また、同じ年代の間でも、個人差がかなりある。

　しかし、ある種の年齢的発達を見てとることができるのは、思考の機能的複雑さの表現で、これはどちらかというと後になって現れる。最少年の児童においては、思考の内容と状態が表現されることが多いのに対し、最高年の児童においては、複雑さの表現が、機能に関わるより多くの諸要素によって示される。これらの諸要素は、たいていの場合、空間的組織・時間的組織における相互関係の中に置かれる。

5. 心理学者としての子ども

　基本的な質問「私が考えるとき、私の頭で何が起きているのか？」をもとに子どもたちは作品をつくったわけだが、この問いには大人でも困る人がいるだろう！　それにもかかわらず、子どもたちは、時に非常に正確かつ理路整然と、心の機能についての数々の考えを作品で表現した。彼らが接触している数々の社会文化的状況との関係で、そして教室での準備的な論議を通して、彼らは考えを導き出し、選択をした。要するに、彼らは、彼らが生きている状況から生じた知識を積極的に自分のものとしたのだ。彼らは自分なりのやりかたで、各自がこれらの知識に割り当てることができた固有の意味にしたがい、これらの知識を再構築した。

　子どもたちの考えの中には、心理学の科学的理論のいくつかの要素が認められる。例えば、知識が記憶される方法を説明する長期記憶の理論が認められる。同じように、表象の組織化にかかわる、心の働きの他の側面も認められる。つまり、記憶の中の知識は、利用のために、「作業記憶」とも呼ばれる短期の記憶で活性化される。この活性化は組織的でコントロールされた方法で行われるが、その際、階層的なコントロール（中央処理装置が情報を実行のエージェントに送るような）と、分散化されたコントロール（連絡をと

りあう複数の専門的なエージェント）とがある。また、情報処理の考えも見られ、それは非常に多くの作品の主題となっている。入力（例えば質問）に始まり出力（例えば反応）に至るネットワーク、あるいはしばしばフィードバックのループを含む回路が、心的な操作の進行を表現している。最後に、たとえば、学習にかかわる研究領域、とりわけ、知識の活性化が非常に速いので見かけ上はコントロールを必要としない突然の発見のメカニズム（洞察）が認められる。要するに、子どもの表象と科学的な理論は、人が思うほどは離れていないように思われる。

　子どもは、一種の心理学者と言ってもよいのかもしれない……。

図1　根底にある中心観念：回路

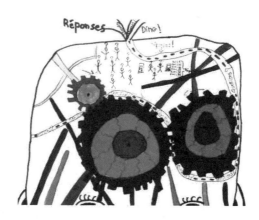

図2　根底にある中心観念：回路

図3　根底にある中心観念：エネルギー

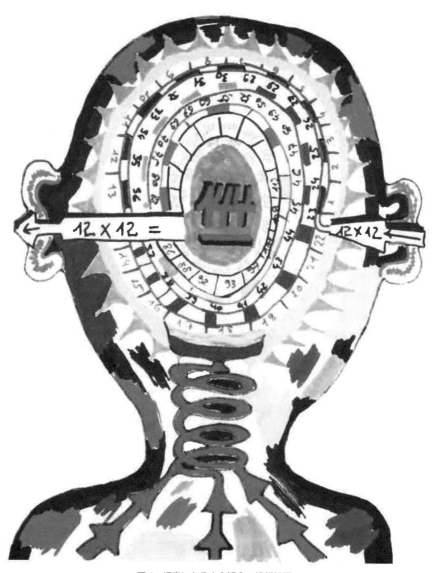

図4　根底にある中心観念：情報処理

写真　ディディエ・ジョルダン

第3章の解説

　この章は、4名の研究者による共著となっている。筆頭著者のマデロン・サーダ（Madelon Saada）は、ジュネーブ大学心理教育学部教員および研究員で、他の3名、アレックス・ブランシェ（Alex Blanchet）、ローラン・パスキエ（Roland Pasquier）、エミール・リース（Emiel Reith）も、ともにスイスの児童心理学の研究者である。

　この章は、ピアジェによる研究を発展させた形で著者たちが行った、児童画研究の報告である。本章の内容としては、まず、ピアジェが用いた方法論の説明がなされている。ピアジェは、子どもにさまざまな課題を与え、質問し対話しながら、子どもの思考について明らかにしようとする「臨床法」と呼ばれる研究法を用いた。この章では、そのような課題の例がいくつか引用されている。質問への回答から、子どもが抱いている認識は、大人の認識の単なる未完成版なのではなく、真剣に探求するに値する独自の論理と構造をもったものであることがわかるのである。

　本章では、このピアジェの方法を援用して、「考えるとき私の頭の中では何が起こっているか」を絵やその他の作品の形で描かせるという課題を子どもたちに与え、描画から、子どもが持っている「心」についての表象を知ろうとしている。

　本章で行っていることは、言い換えると、子どもの持っている「心の理論」を明らかにしようとする試みである。「心の理論（theory of mind）」とは、自己および他者の目的・意図・知識・信念・思考などの心の状態を推測する能力である。1983年にオーストリアの心理学者ヴィマー（Wimmer, H.）とパーナー（Perner, J.）が、本書でも引用されている、マキシという男の子を主人公とする「誤った信念課題（誤信念課題）」を考案し、幼児の「心の理論」がどのように発達するかを研究したのが、その先駆的な研究である。

　また、専門家ではない一般の人々が日常の事物についてもつ素朴な概念は、心理学者ファーンハム（Furnham, A.F.）によって「しろうと理論」と名付けられ、関心を寄せられるようになった。心については、専門家のもつ理論は「心理学」という科学として成立しているわけであるが、一般人、つまり、しろうとは、独自な「心の理論」を持っている。そして、子どもの場合には、どのような「心の理論」を持っているかを、描画を通して明らかにしようとしたのが、本章の研究と言ってもよいであろう。

　描画を研究手法として用いていることから、心理学的な描画研究についても、本章では簡単な説明がなされている。

　本章では、このような背景的な解説のあと、具体的に作品を通して、子どもたちが心の働きをどのようにとらえたかを分類整理しつつ紹介している。分類の枠として、子どもたちが日常の環境で慣れ親しんでいる状況（社会・機械・情報・テクノロジー・生物）を用いて、それらの典型的な内容と、根底にある「中心観念」をまとめている。

　本章は最後に、子どもがいだいた概念の中には、長期記憶／作業記憶、情報処理のモデルなど、専門的な心理学の理論にも通じる要素がみられることを指摘している。ただし、子どものいだいている心の理論は、一種の「しろうと理論」であり、専門家である心理学者の理論とたまたま一致することはあっても、独自な面を必ずもっていることは忘れてはならないであろう。

　このように、子ども独自の心の理解をとらえるために、子どもたちが心について描いた様々な絵を類別し、そこにみられた法則性をまとめているのが、本章の特徴といってよいであろう。

参考文献

・Astington, J. W., *The child's discovery of the mind*. Harvard University Press. 1993 ［アスティントン、松村訳『子どもはどのように心を発見するか － 心の理論の発達心理学』新潮社、1995］

・Furnham, A. F., *Lay theories : everyday understanding of problems in the social sciences*. Pergamon Press. 1988［ファーンハム、細江監訳『しろうと理論：日常性の社会心理学』北大路書房、1992］

・子安増生編著『「心の理論」から学ぶ発達の基礎：教育・保育・自閉症理解への道』ミネルヴァ書房、2016.

・Mitchell, P., *Introduction to theory of mind : children, autism and apes*. Edward Arnold Publishers. 1997.［ミッチェル、菊野・橋本訳『心の理論への招待』ミネルヴァ書房、2000］

第 4 章

第 4 章　観察下の活動的な子ども

ダニエル・アムリン

ピエール・ダサン

ホセ・マリン

エルベ・プラトー

学校での新しい教育：ブローニュにおける実験 1947-1956
S.フルニエ・シュレーゲルによる写真

1. 観察下の活動的な子ども

　1921 年ピアジェは、ジュネーブのジャン＝ジャック・ルソー研究所 (InstituteJean-Jacques Rousseau)^{*1)} に招聘される。人々は、そこで彼がその世紀の最も偉大な心理学者の一人になることを知っている。ところで、輝かしいこの経歴が始まる時代で、心理学が学校教育で現実性をもつためには多くの時間がかかるのである。

　19 世紀末以来、児童・生徒 (écolier) が科学的観察の対象になってくる。教師が日々子どもたちとの接触によって知識を獲得するという経験主義の教育学を、科学者は一つの教育科学に置き換える傾向がある。人々は、この科学の本質的な基礎になるものとして明白である、心理学より他の根拠を思いつかないだろう。

　その時以来、次の2つの常套句が、教育の≪現代の真理 (vérité moderne) ≫を構築することになる。その常套句の第一は、有名な一つの警句によって表現される。≪ジョンに英語を教えるためには、何よりもまず知ることは英語でなくて、ジョンである。≫　それゆえ、ジョンを知り、そしてジョンを教えるために、まずジョンを観察することから始めることが重要となる。

　第二の常套句は、≪活動的な (actif) ≫子どもを、ほとんど無条件にほめること (célébration) より成立する。≪活動的≫であるとして子どもをほめること、それは、次の2つの事柄を示している。最初に、その子どもは≪消極的 (passif) ≫であると呼ばれる他の子どもに比べて、学習においてより有能であると断言することである。次に、その子どもは後者の子どもに対して道徳的に優れていると断言することである。学んでいる子どもは、同時に彼の自律性 (autonomie) を増大しないならば、実際に学んだことにならないからである。

　ところで、この2つの常套句、すなわち≪観察すること (observer) ≫と

写真：靴修理の科目での《裁縫 (cousu main) 》の作業室

写真：《子どもの家 (Maison de Petits) 》、ジャン＝ジャク・ルソー研究所の実
験学校、1923年。写真中央は1945年から1978年まで《子どもの家》を運営
したジェルマン・デュパル (Germaine Duparc)

≪活動的で自律的になること (rendre actif et autonome) ≫との合流は、一つの科学的な教育心理学 (psychopédagogie)[*2] の領域を確立する。よく観察されている子どもは、その子どもに適した活動へと導かれるだろう。それゆえ、≪活動的な (actif) ≫子どもは、一人の自律的な≪主体 (sujet) ≫であるが、その子どもは同時に一つの観察のためのよりよい≪対象 (objet) ≫となっている。

援助か、服従か？

　子どもは観察されればされるほど援助されるのか？　あるいは、子どもは観察されるほど服従させられるのか？　自律性を現わすように子どもたちを導くためには、家庭や街の中でも学校と同様に固有な活動を広げるように彼らに促すことである。しかし、そのような誘導は曖昧である。その活動は、観察下で、すなわち教師の視線、両親の視線、心理学者の視線、そして社会の統制下で実行される。子どもたちが彼らの学習において自律性を示すこと、心理学はその自律性に貢献するために学校に導入されなければならないこと：1920 年代、この二重の信条はことに賛同された。

　1929 年、ピアジェが国際教育局 (Bureau international d'education：BIE)[*3] で先頭に立ったとき、彼は子どもに対するこの現代思想に共鳴するのは当然であった。そして BIE は、その教育学的教義に対して、その中立性を断言しながら世界に心理学の名において活動主義学校 (école active)[*4] の
喧伝者となった。

≪活動的な≫子どもを観察すること：一つの古い歴史

　よりよい教育をするために、子どもが学んでいるとき子どもを観察せよということは、非常に古い時代の一つの教育学の忠告である。モンテーニュ (Montaigne)、ルソー (Rousseau)、ペスタロッチ (Pestalozzi)、またその他の人々は、彼らの時代で、すでにそれを述べていた。今世紀の初めの教

育心理学は、それらの重要人物を引き合いに出している。しかし、教育心理学は、そのイメージに、ビネー (Binet)、デューイ (Dewey)、フロイト (Freud)、モンテッソーリ (Montessori)、デクロリー (Decroly)、クラパレード (Claparède)、フリエール (Ferrière)、フレネ (Freinet) などの―もちろんピアジェ (Piaget) を忘れることなく―重要人物によって具現されている現代 (modernes) の学者または教育者を加えている。

　≪活動的な≫子どもを取り戻すことは、19 世紀の教育学者のそれぞれの一貫した一つの関心事 (préoccupation) である。実物教育 (leçon de choses) を導入したのはピアジェではない。それは、ヤン・アモス・コメンスキー (Jan Amos Komenski)、別名コメニウス（Comenius）(1592-1670)、さらにペスタロッチ (Pestalozzi)(1746-1827) に、その起源を見い出せる。それぞれの人物は、子どもが見たり、触れたり、そして作ったりすることについて、子どもに話させることを要求する。もちろん、19 世紀の教授学の手引きが多様な事例を提供している中で、教師と生徒との間の数え切れないほどの対話 (dialogue) について述べる必要がある。しかし、この対話の中で、教師は主要な役割をもっている。それは教師が生徒に尋ねることであり、その逆ではない。役割を逆にすることは大いに斬新となるだろう。≪活動的な (actif) ≫子ども、それは、尋ねる子どもであり、自発性を身につけている子どもであり、自分の知識を構成する子どもである。

教師は子どもについて知らなければならない (Discat a puero magister)[*5]

　ピアジェがルソー研究所で出会った活動主義学校 (école active) は、教師のかなりの控え目な態度によって特徴づけられている。もはや、子どもは学校の場の中心を占めることになる（このことから≪新しい (nouvelle) ≫学校教育を特徴づけるために使用された≪児童中心主義 (puérocentrisime) ≫という名称がよく知られている）。それゆえ、その教室は、仕事場また実験室にさえ似ているように思われる。その教室は、さまざまな年齢の子どもたち

が、彼らの運動 (mouvements) の自由、行動 (allers et venues) の自由によって、自分自身で目標、期間、そして方法を決めた課題に一途に取り組むことから創造的な無秩序の印象を与えている。すべての子どもたちが、大人から与えられた一つの課題を同時に実行する≪教室 (classe) ≫は、もう問題にならない。大人は、より伝統的である≪教師 (magister) ≫の立場よりも、助言者の立場において表れるのである。ジャン＝ジャック・ルソー研究所の標語が、より徹底したものになっている。それは≪教師≫が子どもの本性に適応しなければならないことを推奨していることであり、生徒によって教えられる教師であることである。

学校は平和の手段になるか？

　教育の個別化、分団的教授法、形成的評価、創造性の尊重、自発性の誘発、グループ作業の生産性など、学校とその革新についての最も現代的な議論を含むこれらの思想は、すでに今世紀初頭の2つの戦争の間での試みと反省の中に示されている。

　活動主義学校の情勢 (tableau) については 20 年代のはじめに多数の著作が伝えているが、理想化されているように思われる。新しい教室が、西洋社会のあらゆる騒乱の中で、安全なところに幸福の小島をつくることを信じさせたという限りにおいて、その通りである。第一次世界大戦を生じさせた巨大な衝突の後で、社会は実際に固有の産業的巨大化と戦っている。その社会は、民主主義と専制的体制とを対立させているように見え、植民地帝国の中にある独立のための最初の弱い意志を認めており、また国際連盟 (Société des Nations) のような無力さを経験している。

　同じ時代で、工学の進歩、電話コミュニケーションの改革、社会運動、とくにフェミニストの要求、そしてそれらが生み出す知識は、新しい生活様式をつくり出す。1930 年代は、第一次世界大戦より一層残酷である新しい世界大戦へと進んだ避けられない年代であった。これらの年代は、同時に教育

写真：アンドレ・モロワの著書の表紙の写真、
1937年に出版された我々の時代以前の青少年

の民主化のための一般化された要求の時代でもあった。教養を身につけることは、人々がさらに信じる進歩の一つの鍵を保持する。そして、学校が平和のための一つの手段になると、多くの人々がいつも確信し続けていた。

≪適切な場所にいる適切な人≫

　その時代から新しい学校は、二重の解釈の対象となり得た。一方で、ある人々は、個人と大衆に対する、資本主義の権力をもった支配力の一つの様式として、新しい学校を告発する。より自律性を与えるという口実の下で、新しい教育は、かなり早い年代から、≪適切な場所にいる適切な人(the right man in the right place) ≫という人間に関するテーラー・システム(tayloriste)[6] の開発の影響の下で、社会的収容(placement social) を可能にしなければならないために、彼らの個性を妥当な≪個人情報記録(fichage) ≫に従

わせている。学習指導と職業指導の発展や学習の場所と学校設備についての人間工学のような、精神工学の飛躍は、自由の喪失の要因として告発される。

　それに対して進歩的な教育学者と心理学者は、職場の労働者と同様に、学校の子どものより科学的な観察を、個人に対するより妥当な社会的地位の向上の方法として、また不利な立場の階級者への指導水準の大局的向上の方法として解釈す

写真：日刊新聞≪リュマニテ (L'Humanité) ≫を読むピアジェ、ケイストーンによる写真

ることをためらわない。仕事の合理化と同じく学校活動の合理化が非常に広まり、また能力の利益化は、資本主義者の罪ではなく、社会主義者の美徳となる。

　それゆえ、新しい教育のあらゆる責任者の集団の中では、あらゆる政治的主張が表現されることは当然である。

　国際新教育連盟のような世界運動は、プロレタリア教育として自らを表現しているセルスチン・フレネ (Freinet,C.) と、教育の価値を高めるために教育的管理を推奨し、巨大資本の利益と精力的に戦っているようには思われない米国のウォッシュバーン (Washburn) のような、対照的な重要人物を結集させる。

子どもの教育を心理学からの一つの問題にせよ！

　実践において政治的な対立があろうと、心理学者、教育学者、教育者、進路指導者、教育的助言者、図書館員などは、実験室において使用される手段 (instruments) を模範とする観察の方法、テスト、そしてプロトコルを使用する。たとえば、学校の記録または観察カードは徐々に心理学的言葉によって満たされる。豊富な二次文献 (seconde main) は、心理学の思想や方法を一般に広めるために、普通学校、教育センター、そして図書館に配布される。これは、教育学的学説それ自身にすぐに混じり合っていった、≪心理学的 (psi) ≫文献の開始である。

　この≪心理学的 (psi) ≫文献は、同時に家庭の範囲においても不可欠となる。もちろん、茶の間の全員がジャン・ピアジェの著書を読まない。ベルモ (Vermot) の年鑑は、その年鑑のよい伝統において、笑う、育てる、そして教えると、何でも入っている庶民の参考書として存続している。しかし、人々は、今世紀の初めから、両親に向けられる多くの雑誌の中で、心理学的テーマ、特に勧告の形式において、その大きな利用頻度を観察している。それゆえ、両親は、学校と子どもの発達の科学的、とくに心理学的な教養をしだい

に統合していく。

　道徳的勧告は、多くの場合に宗教の影響を受けているが、科学を引き合いに出す心理学的勧告に道を譲っている。≪児童の世紀 (siècle de l'enfant) ≫において、子どもは、成熟と社会的な成功を同時に保証しなければならない一つの貴重な財産である。中産階級の人々は、精神の変化のために最も感受性のある環境を構成する。彼らは、≪教育的 (educatif) ≫である玩具の広告を手に入れようとする。しかし、乳製品の国際的大企業は、現代育児法の最新の勧告を、見本を伴って産院において遅れずに分配している。

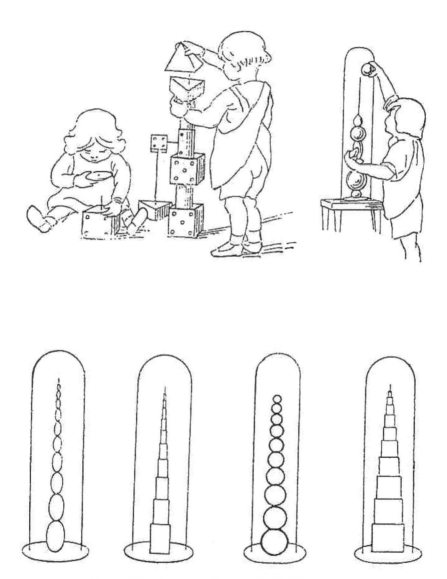

絵：≪子どもの家≫において使用された教育的遊び ASEN

絵：レイのテスト、1948 年（スイスのレイ（André Rey）
によって開発された図形認識テスト）

Si vous attendez un enfant
Si vous avez des enfants

Vous lirez

votre enfant

car c'est

LE JOURNAL DES PARENTS

★ UNIQUE EN SON GENRE

★ LUXUEUSEMENT PRÉSENTÉ

★ A LA PORTÉE DE TOUS

★ RÉDIGÉ D'UNE FAÇON VIVANTE
par des spécialistes
avec la collaboration
et sous le contrôle des
meilleurs pédiatres,
psychologues, hygiénistes
éducateurs, etc...

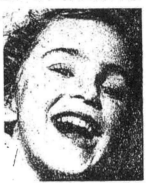

TOUT CE QU'IL FAUT SAVOIR POUR
ÉDUQUER - SOIGNER - ALIMENTER
HABILLER (layette, tricot, mode)
AMUSER - INSTRUIRE
votre enfant de sa naissance à l'adolescence

DIRECTION - ADMINISTRATION - RÉDACTION
65, Av. des Champs-Élysées
Téléphone : ELY. 68-57, 68-58, 51-92

ABONNEMENTS
France et Colonies : 1 an, 1250 fr, 6 mois, 650 fr
Étranger : 1 an, 1800 fr, 6 mois, 940 fr
par chèque ou mandat-poste

LE MENSUEL QUI VOUS
EST INDISPENSABLE
En vente chez votre
marchand habituel
au prix de 120 Fr.

絵：心理学の一つの役割を推察できる子どもの教育について（あなたが子どもに期待するならば、雑誌《あなたの子ども (Votre enfant)》を読みましょう。なぜなら、最高の小児科医、心理学者、衛生学者、教育者などのスペシャリストによって生き生きとした方法が書かれているからです。）

2. 世界征服のための教育的近代性とは？

　さて、ピアジェと心理学者によって観察された子ども、教育心理学者によって活動的また自律的になった子ども、そして有能にまた創造的になった子どもは、全世界の子どもであるのか？　または西欧の子どもだけであるのか？　またはジュネーブの子どもだけであるのか？　この世紀 [20 世紀] の初期、子どもの心理学的発達の科学的観察が始まった時代で、また≪近代 (moderne) ≫教育が考案された時代で、ヨーロッパのモデルにおける普遍性の信念が非常に強かった。ヨーロッパはまだ植民地をもっていた。その派遣団と諸学校は、異教徒と未開人を文明化しなければならなかった。

　今日、西欧はその輝きと自信の一部を失っている。その文明は危機に陥っている。社会科学はそれ自身でその根底を変えている。もはやフロイトの理論とピアジェの理論は、必ずしも普遍概念 (universalle) として考察されていない。これらの偉大な人物は、その文脈の中で支持され、また彼らは一つの特別な時代の、そして一つの特別な社会の代表者として歴史の中に収められている。

　各々の社会は、子どもとは何か、子どもはどのように教育されるべきかについての思想と信念をもっている。これらの社会的表象 (représentations sociales)[7] または≪エスノセオリー (ethnothéories) ≫[8] は、ほとんどいつも暗黙的である。口頭伝承による社会にとって、それらは、多くの場合、民族学者のペンによって、はじめて形式化されている。

　しかし、これらのエスノセオリーは宇宙創成説 (cosmogonie)[9] と社会的組織化 (organization sociale) とによって、また子どもの文化的適応 (enculturation) （子どもが日常で文化に溶け込んでいく）と社会化 (socialisation) （学習の機会が大人によって準備され、組織されている）とによって一貫している。エスノセオリーは、教育的実践、それゆえ一つの世代から次世代への文化の継承を決定する。たとえば、オーストラリアの先住

民たちの間では、子どもは蘇る一人の祖先である。彼は教育される必要はないし、彼の両親の願望にしたがって彼を形成することは可能ではない。なぜなら、彼は前もって形成された人格をもってその世界に来るからである。彼は、一人の祖先として、成人によって尊敬されるべき権利さえ保持している。人々は、彼に奉仕も仕事も要求しないが、しかし彼が望むならば彼の能力の限度内で、大人の活動に参加することができる。彼の奥義伝授 (initiation) の年代まで、彼は何も教えられないか、あるいはほとんど何も教えられない。しかし、親族関係の非常に複雑な一つのシステムがあり、それは、先住民の子どもが記憶すべきもので、また、いくつかの世代を超えた彼の血統や、さらに、たとえば遺産分配のような、社会生活のいくつかの基本的規則も同様である。

　子どもを自由のままにし、彼を自分で切り抜けるままにしなさい。そうすれば彼は一人でよく学ぶだろう。そこには、予想外の方法で、ピアジェと偉大な西欧の教育学者によって説明された子どもの自治 (autonomie) と逆説的によく結びつけられた一つのエスノセオリーがある。

インフォーマルな教育

　子どもの文化的適応と社会化は、何よりもまず身体的と社会的という文脈の差異によって実行される。それらは、子どもが成長するはずであるという文脈であり、また子どもが学ぶことができることを確定するという文脈である。幼い子どもは、何よりもまず唯一の大人 (母親、教師) を面前にするのか、それとも彼はいくつもの祖先に属する多くの大人を含んでいる一つの大家族から出発するのか？　それとも同じ年齢の仲間集団の中で、さまざまな年齢の子どもの一つの小集団 (そこではより高い年齢の子どもがより低い年齢の子どもの世話をする) の中で、子どもは自分の時間を過ごすのか？　彼は、どんな事物、場所、そして活動を発見するのか？　その文脈の多様性は非常に大きい。

写真：針金による玩具、ルワンダ共和国
写真はパトリック・ダーセンによる提供

　あらゆる社会において、子どもは観察と模倣によって学習する。それ
は、付随的な学習 (文化的適応) にも、大人によって要求された学習 (社会
化) (ときには一人の教師によるが、しかし学校のようなフォーマルな制度
のないところで) にもかかわっている。多くの学習は、遊びと大人の仕事の
分担によって実行される。
　遊びは基本的価値を伝える。オーストラリアのアボリジュニ (先住民) ま
たはエスキモーのような狩猟 – 採集の社会では、わざ遊び (jeux d'adresse)
と身体技能遊び (jeux de dévelopment physique) を別にして、何よりもま
ず賭け遊び (jeux de hasard) がある。子どもは、自然を支配しないが、それ
に依存すること、また人は毎日稼ぐ (収穫する) ことはないが、将来におい
て安心することができること、そのため人は、実際に 1 日の稼ぎをすること
によって終えることを学ぶ。牧畜または農耕を営む社会では、賭け遊びはほ
とんどない。時にはそれは禁じられており、それゆえ人は規則遊び (jeux de

règles) を行う。人はそこで、従うこと、計画化すること、時には共同作業を行うこと、さらに競争に参加すること、また蓄積することも学ぶ。最もよい方略をもつ人は、最も富を得るだろう。最もよく認められるならば、その人は指導者になるだろう。

　遊びによる創造性について、教育心理学者はそれをずっと以前から認めてきた。アフリカの子どももまた同じである！　彼らが彼らの両親から玩具をもらわないとき、彼らは自分自身で、鉄によってまたは竹とラフィアヤシによって、または再利用の材料によって、それを製作する。

　自転車または自動車の模型は、特徴あるモデルに正確に似ているだけでなく、またそれらを動かすために巧妙なメカニズムを含んでいる。

　狩猟－採集社会において、同様に西欧の工業社会においても、たとえ子どもはあまり大人の仕事を手伝う必要がないにしても、農耕と牧畜が営まれる社会の大部分では事情は同じではない。後者では、非常に幼い低い年齢から、子どもたちは、彼らの遊びの中に大人の活動をまねて、次に遊びをすばやく現実に移している：バービー人形 (Barbie) ではなく、世話をしなければならない本当の妹に：ままごとではなく、食器を洗うことに：組み立ての遊びでなく、助けを必要とする鍛冶屋の父親に。それゆえ、子どもは、参加によって、大人の役割を学ぶ。さらに彼は、同情と献身、責任と自発性をもつことのような価値を学ぶ。遊びが子どもの一つの権利 (droit) であるならば、仕事もまた無視できない学習 (apprentissage) の一つの文脈を示している。しかし、学習と搾取 (exploitation) との間の境界はどこにあるのか？

　ある社会では、奥義伝授と年齢集団は、重要な教育的制度 (institutions) を形成している。この奥義伝授は多様な形式をもたらしている。個人的または集団的儀式、1日の儀式または何年間にもわたる儀式、ときには肉体に苦痛な刻印をつける儀式、これらは常に一つの通過儀礼 (rite de passage) である。子どもは一時的に共同体の外に置かれる。象徴的な死を通り、次に大人の社会の完全な義務をもつ新しい成員として受け入れられ、完全で責任のあ

写真：子どもは親の模倣によって学ぶ、モーリタニア（イスラム共和国)
写真はローラン・グッドスミス UNICEF による提供

る社会的生命 (vie sociale) に生まれ変わる。奥義伝授は、しばしば、子ども
が一つのフォーマルな教育で学ぶという特徴をもつ。それは、熟練した大人
の指導の下で、一つの決定された時間で、指定された場所で行われ、そして
人々はそこで明白にその価値と知識を伝達する。

宗教学校 (L'école religieuse)

　それゆえフォーマルな教育は、西欧の特権ではない。啓示された書物に基
いた宗教 (ユダヤ教、キリスト教、イスラム教)、または祖先の原文を拠り
所とする宗教 (仏教、ヒンズー教、儒教) を実践する社会においては、最も

重要な職務として、宗教を伝達する諸学校があるが、そこではまた他の学習も行われている。

　たとえば、公的な統計においては無視されているが、暗記による学習を批判する教育心理学者によって非難されているコーランの学校は、俗界の [＝非宗教的] 学校の全くの拡張である。

　幼い生徒は、そこで、まず最初にアラビア語で（たとえ他でその言語が話されていないにしても）、我々の昔の学校の石盤に似ている木材の小さな板の上に文節を書きながら、コーランを学習する。彼らは、表現できないざわめき (brouhaha) の中で、それぞれがそのリズムに合わせて進み、またそれらの文節を高い声で暗唱する (これは、クラスを抑えることを学んできたそのような教師にとって、本当の悪夢ではないか？)。その後で、コーランの勉学を継続する若い人々は、記憶を容易にするために、常に詩で書かれた原文で、多くの分野 (文法、作詩法、法律、数学、天文学など) に取り組む。

　コーランの学校は、政府機関の学校よりも、多くはより文化的に統合されている。それは、ときには国民全体によって受け入れられやすく、また経費がより少ない。時折、この二つの学校が共存するし、またこの就学の二つの形式に従う生徒たちは、多くの追加時間をつくり、学校の 1 日を 10 時間より多くの時間に充てることができるようにする。

　我々がヨーロッパにおいて知っている学校、またそれが外国に普及されてきた学校は、多くの場合に宗教的価値による影響を受けてきた。カルヴァン派教会は、ジュネーブに学校を設立したが、その影響の跡をとくに競争力のある学校のモデルとして残している。この学校は一つの企業や工場のように見え、そこでは科学的研究が効力と効率を測定している。

　極東 (Extrême-Orient)(中国、台湾、韓国、また日本までも) において、教育に対する影響は、偉大な教師である孔子によって明確にされてきた。教育の目的は、道徳的成長であり、それは孝行心と勤勉さを包含している。教師は、一人の模範にならなければならないし、また彼の教育は偉業でなくて

はならない。学校は、自発性と創造性よりむしろ服従と努力を強調する。その努力の重大さは、教育体制が実際に≪超競争的 (super-compétitif) ≫な傾向をもつほどである。

外国に普及した西欧の学校

　植民地化されるときのアフリカやその他の国々に普及した西欧の教育は、それらの国々にポジティブな影響を与えなかった。社会的変革の原動力としての学校は、経済発展をさせるのか？　ある意味で、答えはもちろんその通りである。宣教師の学校、西洋化への教育は、確かに新しい国家として独立するために英雄の出現を可能にしてきた。学校は、成人に対する識字教育 (alphabétisation) と同じように、実際に健康の改善、民主主義の政治体制の拡大、そして男女平等の第一歩に貢献している。

写真：ペルー、アセンタミエント・ウマーノ (非合法地域) における小学校
写真は M. ミューノ UNICEF による提供

写真：チャド共和国におけるコーランを教える学校
写真はピロッツィ，UNICEF による提供

しかし、その学校は、局外者の価値を伝授する。学校は、社会分裂を生み出し、またそれを繰り返す一因となる。学校は、しばしば世代間の溝を際立たせ、また農村の過疎化を促進する。

　現在、発展途上と呼ばれる多くの国々においては、学校は、不衛生な仮宿舎、過剰定員の教室、物資の欠乏など、多くは困難な極端な教育的条件の中で運営されている。

　構造調整政策 (les politiques ajustement structurel) * 10) と国家からの離脱によって、学校の状況は改善されない。私立学校は、国民の少数派しか対象にしない状況を生み出す。その卒業証書 (diplômes) は、もう公職者の地位を保証しない。しかし、多くの国々は、ユネスコの組織、とくに、国際教育局 (Bureau international d'éducation:BIE) に支援されることによって、改革をしかるべき場所で実行しようとしている。学校は、ときには生産の場所になっているし (それは学校の中の菜園または鶏小屋によるしかないのだろうか？)、また学校は、直接利用できる知識（農耕、健康について）を広めるために一層努力している。

　学校の外国への普及は、ときどき抵抗を引き起こした。最初の一つは、北アメリカの植民地化の初期に、インディアンの酋長によって明白に示された学校の拒否であった。

　1744 年において、ストニー族 (Stoney)*11) のインディアンのタタンガ・マニ (Tatanga Mani) は、彼の自伝の一節において、次のように白人のもとで受けた教育について説明している。≪はい、そうです。私は白人の学校に行きました。私は、教科書、新聞、そして聖書を読むために学びました。しかし、私はそれが十分でないことにすぐにわかりました。文明化された民族は、印刷されたページにあまりにも依存しています。私は、作者の全てである "大いなる精霊 (Grand Esprit)" *12) の書物に、私を向けました。あなたは、自然を学びながらその書物の大部分を読むことができます。あなたは、もしあなたのすべての書物を手に取り、そして少しの時間、それらを地上に広げたま

まにしたならば、雨、雪、そして昆虫がそれぞれの仕事をして、そこには何もなくなってしまうことを知っています。しかし“大いなる精霊”は、あなた方と私たちに自然の世界、森、川、山、そして私たちが一部をなす動物を学ぶことの可能性を与えているのです。≫

　1970 年、彼らの独自の問題の責任をとることを望み、合衆国のアメリカインディアンは、アメリカインディアン運動 (American indian movement: AIM)[*13] という組織によって、教育課程 (cours) がヨーロッパの歴史、文化、そして価値について非常に方向づけられているように思われるインディアン事務局による学校制度と平行して、一つの教育制度を組織することを決定する。

　隔離された学校や指定居住区 (réservers)(そこでは、彼らの言語を話すことを禁止され、人々は自分の髪の毛を切ることや白人のように服を着ることを強いられた) の中に無理やり追い立てるような、子どもに強いられる異文化適応 (acculturation) は、彼らの記憶をいっそう混乱させている。多数派の社会の教育制度に統合されるときに、インディアンの遺産に背を向けることに危険はないのか？　回想することの辛い過去の理由から、教育は長い間彼らの部族にとって≪脱インディアン化 (déindeanisation) ≫の同義語であり続けた。

　彼らの文化的抵抗によって強化された彼らの意志は、あるインディアンたちを一つの他の学校制度、すなわち生存の学校 (les écoles de survie)[*14] の方向に向かわせている。

　最初の生存の学校が建設されたのは、ミネアポリスとセントポールである。少しの資産によって設置するために、一時しのぎの部屋においてではあったが、それにもかかわらず、それらは、類似な実験を他の都市、とくに、ラピッド・シティ (Rapid City)、ヤンクトン (Yankton)、オクラホマ・シティ (Oklahoma City)、オークランド (Oakland)、そしてサンフランシスコ (San Francisco) で展開するために、十分な数の子どもたちを集めている。長い間

写真：1814年3月タラポーサ川の上で、クリーク族のウイリアム・ウェザーホルドは、
ホースシュー・ベンドの戦いの後、アンドリュー・ジャクソンに降伏した。

禁止されていたインディアンの言語教育は、さらに多くの教育施設で保障さ
れた。同じように、かつて完全に無視された高等教育へアクセスも促進された。
　このようにして、1971年から、インディアン運動は、教育の分野に新し
い根本的な方向を決定することを可能にした。

南米の教育法 (Les Pédagogies du Sud)

　今世紀の初頭から、南米において、学校が社会改革に重要な手段になると
いう政治的思想が出現する。そこにはもちろん、北米と南米の間のモデルの
流布があり、ヨーロッパ起源のマルクス主義が復活し、そしてそれがラテ
ンアメリカの現実に適用されたことにおいて、一種の≪歴史的皮肉 (d'ironie
de l'histore) ≫がある。その説明は、2つの事例で示される。ペルーにおいて、
ホセ・カルロス・マリアテギ (José Carlos Mariategui) は、1930 年以前、彼
の著書≪教育の課題 (Thèmes de l'éducation) ≫を書いている。そこで彼は、
経済的知識と政治的知識を軸として教育を示している。かなり最近になっ
て、ブラジルでパウロ・フレイレ (Paulo Freire) が、1970 年に≪被抑圧者
の教育学 (Pédagogie de l'opprimé) ≫を出版した。そこで彼は、大衆教育
について彼の省察を展開している。彼らが二人とも導いた革新 (innovation)
は、個人の自由とその社会の基本的変革の一つの手段 (insturument) として
構築された教育である。

　他の一つの革新は、ラテンアメリカにおいてその拡大をもたらしている。
それは大陸の原住民に、より適合する学校に戻すように努めていることであ
る。それは、いわゆる≪二言語と二文化 (bilingue et biculturelle) ≫の学校
である。

　この地理学的区域において、二言語教育の最初の計画は、原住民の識字教
育 (alphabétisation) によって展開され、そして 50 年代の当初、夏期言語協
会 (institut linguistique d'été: ILV)[15] において主に北アメリカ人の宣教師に
よって実現された。

　この宗教団体 (institution religieuse) は、その当時、植民地総督府
(gouvernements) との協約を締結することを、彼らに可能にする一つの学識
的カムフラージュをもっている。また、その団体は、その宣教師の中に、政
治的、経済的、そして文化的な統治について、原住民の≪国民的統合
(d'integration nationale) ≫のために、彼らの政策への優れた仲介者を見い

写真：ペルー・アマゾニアの原住民の子どもによる軽飛行機の製作

出そうとしていた。

　現実には、この政策は、インディアンの文化的・言語的な多様性を認め
ることができない一つの単純な民族同化に帰着される。提案された識字教
育は、公用語としてのカスティリヤ語またポルトガル語の義務を課すこと
(imposition) と、また西欧文化のインディアン言語への翻訳と、ILV の基本
的目標である布教を容易にするために旧約聖書の原文をインディアン言語へ
の翻訳することを、主としている。

　とくにペルーのアマゾン人の場合には、二言語と二文化の最初の教育計画
は、原住民の文化である言語と知識の再評価計画として、1975 年に展開さ
れた。彼らの文化的アイデンティティに対する民族の権利に関する思想は、
ラテンアメリカの多くの国家を特徴づける多文化社会の中で、民主主義的な

統合政策の一つの出発点としてとらえられた。この計画への原住民の団体の参加は、それがなければ、彼らの社会が消滅することを余儀なくされるような、彼らの領土の所有権の問題についての議論を始めることを可能にしている。

　それらの国々の経済的、社会的、そして文化的な発展によって、現在と未来における原住民の地位 (place) はどうなるのか？　この重要な問いは、応答がないままであるが、教育の政策的側面が民族の歴史の中で重要性をもつことを我々に気づかせる。

　それらの計画すべては、大学機関、宗教的組織、そして原住民の連盟によって組

写真：戦争の中の子ども、1984 年レバノン (Les enfants dans la guerre, Liban,1984)

織された非政治的組織によって開発されている。現在、ペルーのイキトス (Iquitos) では、教師の養成のための教育法についての最も成功した一つの計画が見い出される。

浮浪児と戦争での子ども (Les enfants des rues et les enfants de la guerre)

　子どもが成長するところでの環境の多様性は非常に大きく、また人々は世界中で、本当に驚くべきその適応能力を確認する。しかし、とくに困難な事

態があると、そこで学ぶことは、生きること、粗末な食事を見つけること、そして彼の生命を救うことを学ぶことを意味する。民間の犠牲者として、戦争の恐怖に襲われているか、または軍人として加入させられる子どもたちは、最も驚くべき事例かもしれない。心的外傷性後のストレス症候群は、難民の子どもについて研究している心理学者にとって、一つの重大な関心事になった。ただし、地雷による肉体的な切断は言うには及ばない。

浮浪児に関しては、もし社会が彼らを排斥しないならば、彼らはより健康になるだろう。実際に、その子どもたちが最も恐れていることは、食糧または家族の温かみの欠如ではなく、まさに警察の暴力である。浮浪児の大部分は家族的結びつきを保持し、また多くの場合家族の経済にとても貢献する。彼らの非行は一つの心理学的な問題ではなく、社会政策についての問題である。

比較文化研究におけるピアジェ

1965 年と 1980 年の間で、多くの研究が、非常に異なる文化的文脈の中でピアジェの理論を検証しようとしている。

これらの研究は、ジュネーブの子どもに対して説明された認知発達の系列(段階とその下位段階の階層的段階)が実際にいたるところで見い出されることを示している。

これとは反対に、様々な概念の発達の速度は、文化的刺激 (incitation) に従って変動する。すでに乳児において、その発達の速度の差異は感覚 – 運動的水準で現れ、その差異は年齢とともに増大する。

同様に、具体的操作段階の期間における子どもたちにおいて、人々は、概念的領域が文化によって価値が付与されるか、そうでないかにしたがって、発達速度の大きな差異を確認する。たとえば、狩猟と採集で生活する遊牧民(オーストラリアのアボリジニまたはイヌイットのような)の社会においては、彼らの量に関係する概念(数、ピアジェの有名な≪保存 (conservation) ≫)

はほとんど評価されないのに、彼らの空間的概念は高く評価される。

　農耕の定住民の社会では、それはまさに逆である。ある場合に、広大で乾燥した土地の中で道がわかるために、心的によい地図を構築できることが必要である。他の場合には、量の概念は通商による余剰物を管理するために利用される。比較研究の問題の一つは、観察状況、たとえば≪ピアジェの試験法 (épreuves piagétinnes) ≫の適応である。

　その領域における成功した最良の一つは、数と測定の概念についてパプア・ニューギニアのオクサプミン (Oksapmin) におけるサックス (G.Saxe) によって先導された研究である。

　この民族は、数が身体の部分によって表現される一つの数体系をもっている。サックスは、オクサピンの子どもにおいて、発達速度のずれ以上に (au-delà)、発達段階とその下位段階の系列が、一部の例外を除いてまったくピアジェによって説明されたそれと同一であることを発見した。この例外とは、子どもたちは、身体の上の対称的な部分によって指し示された数 (たとえば、左の目と右の目は、それぞれ十進法で 13 と 15 を指し示される) を区別することについて、ある時ふと困難を示すという点である。

　それゆえ、ピアジェの理論の本質的特徴は、まさに普遍的存在を明らかにしている。確かに、文化的多様性の背後に人類の単一性 (unicité) があるという本質的メッセージ：‘我々は、すべて同じであると同時にすべて異なっている’ がある。このことは、我々の遺伝子の水準におけることと同じように、我々の心理的機能の水準において真実である。

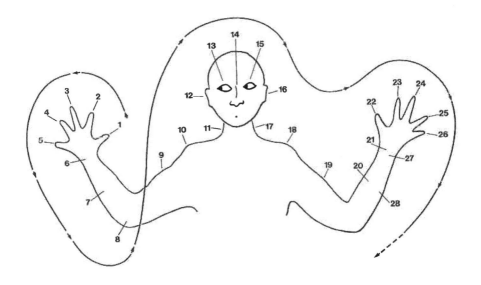

絵：パプア・ニューギニアのオクサプミン族は、数を身体の部分によって表現する
1つの数系を使っている。親指は 1、人差し指は 2、・・・・・、ひじは 8 である。
同様に肩、耳、目、鼻と続ける。次に、左腕、その他の身体の部分がくる。

Piaget

Neuchâtel, le 16 avril 1929

Chère Mademoiselle,

Vous n'ignorez pas qu'il y a
de l'imprévu dans mon existence et que
le conseil du B. I. E. vient de me proposer
la direction laissée vacante par M. Bovet.

Il va sans dire que si je puis être
utile au B. I. E. j'accepterai avec
joie cet honneur. Je tiens seulement
à vous dire que de vous savoir la tête
effective de cette maison contribue beau-
coup à cette décision. Je n'aurai qu'un
regret c'est que vous ne vouliez pas
vous mettre cette direction.

Il faudra qu'avant la séance
de vendredi vous m'expliquiez un peu
ce que vous attendez de moi. Je me per-
-mettrai donc de passer à votre bureau

写真：ピアジェが BIE 局長の職務を受けたことに対する 1929 年 4 月の返信

3. ピアジェは教育学者か？

　この展望において、ピアジェの位置づけは一見したところ明らかに見える。心理学が、子ども (enfant) を理解するために、より特定的には生徒 (écolier) の理解のために参照する科学であるとすれば、ピアジェは、進歩的であろうとするあらゆる教育学に霊感を与える人でしかありえない。だからこそ、彼は、子どもにおける発達段階の分析について有名ではないのか？　実際、彼がこの分析を教育の現実に適用しようとしてきたことは認めよう。教授学 (didactique) は、学習内容を、児童の定められた年齢での能力に適合させる技術であるとして定義されることを認めよう。それゆえ、教授学的方法の本質は、ピアジェの発見によって着想が与えられるに違いない。

　したがって、教室における教師は、彼が普通学校で確証を得ている≪ピアジェの発達段階 (stades piagétiens) ≫の優れた知識のおかげで、生徒たちの年齢から彼らの知的能力を推測することができるだろうし、また彼らに彼の教授法を適合させることができるだろう。多くの≪教育心理学者 (psycho-pédagogues) ≫は、この≪驚異 (miracle) ≫の可能性を信じてきた。困ったことには、ピアジェはいかなるときもそれを信じてこなかった。

　ピアジェと彼の共同研究者が優先して研究していること、それは、第一に教授の方法の改善でもなく、教育システムの効率でもない。

　彼らの強い関心 (préoccupation) は、どのように知識が人間において構築されるかを発見することである。ピアジェの研究と教育学者の強い関心との間には偶然の一致、つまり、ピアジェが熱中しているこの≪認識論的主体 (sujet épistémique) ≫の構築が、主に就学義務 [学校教育] の期間である幼少期の中でなされていること、があるだけと言い切る者もいる。

　また、ピアジェは、子どもによる実験室または臨床的面接という非常に特

別な条件の中で心理学者によって得られた結果を、教室の現実に移すことができると考えた人々に対して、慎重な忠告を重ねてきた。

　彼は、また同じように教育学の体系を世界で統一する思想を擁護した人々に警戒を促してきた。

≪私は普遍的な教育学が存在することを信じない≫（ピアジェ）

　そのような訳で、1934 年、ジュネーブでの第 3 回国際公教育会議の勧告 (les procés verbaux) と決議 (résolutions) において、ピアジェは≪私は実際、普遍的な教育学が存在することを信じない。教育の体系のすべてに共通であることは、子ども自身であるか、または少なくとも子どもの心理の一般的な特徴である。≫と書いた。

　いずれにせよピアジェの言葉は、彼の立場の両義性 (ambiguïté) を示している。一方で、彼は教育の状況の複雑性を自覚しているし、また唯一の心理学がそれを理解するために十分でないことをよく知っている。他方で、彼の科学的中立の思想は、教育的な諸学説の中から、彼に選択することを引き止めている。彼の発見を文字通りに、教室の毎日の生活の中に移すことは、彼の研究の深遠さと豊かさに背くことでしかない、ピアジェ主義の≪カテキスム (catéchisme) ≫を作成することになるだろう。それにもかかわらず、なおこの偉大な心理学者は、いずれにせよ、子どもの活動についてのあらゆる知識が、やがて彼の理論の提案に吸収されるに違いないことを説得し続けている。ピアジェの多くの弟子の一人であるレミー・ドロ (Rémy Droz) は、この逆説的な状況を 1980 年、当時評判になった一つの論文の題名『ピアジェの思想を教育に適用するための必然性と不可能性』の中に見事に表現している。

国際教育局の局長としてのピアジェ

　まさにこの両義性が、ピアジェがジュネーブの国際教育局 (BIE) の局長

写真：1929 年 BIE 事務局：ジャン・ピアジェ (第 1 列、中央)、メアリー・ブット (第 1 列、左から 2 番目)、ペドロ・ロゼルロ（第 1 列、右から 2 番目)、ジャン＝ルイ・クラパレード (第 2 列、左から 3 番目)

として 38 年間勤め続けたことを説明する要因の一部をなすことは疑いない。彼は、1929 年局長 (derecteur) として、ピエール・ボヴェ (Pierre Bovet) の後継者となり、1967 年彼の退職まで（そのとき BIE がすでに UNESCO の中に統合されていたけれども）その職務を保っている。ピアジェがその地位に到達するやいなや、ピアジェは BIE での初期の研究チームによって開始された研究を継続し、また引用しなければならない人々：マリー・ブット (Mary Butts)、ペドロ・ロゼロ (Pedro Rossello)、そしてジャン＝ルイ・クラパレード (Jean-Louis Claparède) という協力者のグループによって支援されている。

　1925 年 12 月に創設された BIE は、1929 年に教育と教育学を取り扱う政府間組織 (organisme intergovernemental) となっている。それは、国際連盟を誕生させ、また国家的、政治的、哲学的、そして宗教的な視点から中立的態度を保持することを協約するウィルソン綱領 (doctrine wilsonienne) を

模範にしている。それゆえ、BIE は、あらゆる国々の教育者の間の連携を確立するために、教育学の分野で国際関係を発展させることを目的としている。BIE は、それにしたがって、教育の全般的発展を目指して努力している。そして、1919 年に、用語≪教育 (éducation)≫は国際連盟の憲章の中に掲載されていなかったのではあるが、今日の国際連合の憲章の中にはその用語がある。

ピアジェ自身は、彼が次のように書いたときにその見方に同意している。≪社会状況は無限に変動する。また環境の多様性にしたがって人々は非常に多くの教育の形式を考察することができる。それゆえ、比較教育学の役割、つまりこの国際局の固有な職務を構成する研究の役割は、環境の多様性 (diversité) を組織だてることであり、それを単一性 (unité) に還元することではない。≫

BIE は、1925 年の第一の規約の中に述べられた 3 つのタイプの活動、すなわち情報、科学的研究、協力を 30 年間実行している。BIE は毎年、現状の問題の比較研究に捧げる国際公教育会議 (Conférence internationale de l'instruction publique) を召集している。BIE は、一つの国際図書館を設立し、また模範として判断された教育的実現に捧げられる恒常的な展示会を開催している。

1968 年において BIE は、320 冊以上の出版を誇った。それによって BIE は、その役割にしたがって教育制度の相互理解に貢献してきた。

しかし同時に BIE は、その誇示する中立性にもかかわらず、それらの心理学的価値の名において断固として賛成の立場をはっきりとさせている、教育の新しい方法の世界的な拡大を促進してきた（自治、グループ作業、学校間の連携と新しい発展、学校と家庭との協力、二言語併用と教育、その他）。

国際公教育会議

主に国際公教育会議を通して、BIE は調整 (coordination) の役割を果たしている。1934 年以来、一つの事業計画が、その会議の職務として課せられ

PUBLICATIONS DU BUREAU INTERNATIONAL D'ÉDUCATION - N° 53

VIᵉ CONFÉRENCE INTERNATIONALE
DE L'INSTRUCTION PUBLIQUE

GENÈVE, 1937

DOCUMENTS OFFICIELS

SUR

L'ENSEIGNEMENT
DE LA PSYCHOLOGIE

DANS LA

PRÉPARATION DES MAITRES

PRIMAIRES ET SECONDAIRES

(QUATRIÈME QUESTION A L'ORDRE DU JOUR)

D'APRÈS LES DONNÉES FOURNIES
PAR LES MINISTÈRES DE L'INSTRUCTION PUBLIQUE

Albanie, Allemagne, Argentine, Australie, Autriche,
Belgique, Bolivie, Bulgarie, Canada, Chili, Costa-Rica,
Cuba, Danemark, Equateur, Egypte, Espagne, Estonie,
Etats-Unis, Finlande, France, Grèce, Guatémala, Haïti,
Hongrie, Inde, Islande, Italie, Japon, Luxembourg,
Mexique, Norvège, Nouvelle-Zélande, Pologne, Roumanie,
Royaume-Uni, Suède, Suisse, Tchécoslovaquie, Turquie,
Union Sud-Africaine, Uruguay, Yougoslavie.

BUREAU INTERNATIONAL D'ÉDUCATION
GENÈVE

写真　BIE 国際会議の資料

ている。参加者は一つのテーマを深く掘り下げることから開始する。次に、教育専門家と教員によって、勧告から政策の方針までが練り上げられ、そして採択される。

　1960 年に、BIE は、それらを 1 冊の選集に集約している。その書物の序文を書いているピアジェは、彼が何年間も務めている BIE の局長として見るところから、それら [勧告と政策方針] が呈する重要性を次のように指摘している。≪以下の勧告は、1000 以上の条項の全体を成しており、また人々がその決定を過小評価することのない教育学的学説の主要部分である、公教育のある種の国際的な憲章または規約を構成している。その勧告は、この協約の特徴をもたないならば、それらの勧告は私的な会議によって作成された簡単な請願と混同されることになるだろう。それらは、正式に委任された政府の代理人によって可決されてきた。≫

　その政策的な会談 (rendez-vous) のときには、ピアジェは、人々が彼に期待する外交的な役割に精通している、一人の仲介者のイメージを与えている。しかし彼は、それでもなお、BIE の進行を含めて、彼の視点から優先事項である科学的の問題についての配慮を続けている。そして彼は立場を表明することを軽んじはしない。そのため、1948 年の国際公教育会議の中で、ピアジェは次のように述べている。≪教育学と心理学との間の関係は、実際に複雑である。心理学は一つの科学であることに対して、教育学は一つの技術 (art) である。しかし教育するための技術が、かけがえのない生得的な能力を前提にしているかぎり、その技術は、教育されなければならない人類にとって不可欠な知識によって開発されることが必要である。≫

教育による平和

　第一次世界大戦の直後に生まれた≪二度とそういうことがあってはならない≫という幾千もの人々の叫びの後、BIE が擁護し、推進する理念 (idées) の中に、当然平和の要因を書き込まなければならなかった。教育は、人間が

実行した悪事 (mal) を直すことではないにしても、より調和のとれた生活ができる人間を養育するための可能性のある一つの≪手段 (arme) ≫として出現した。

　2つの出版物、1932年にマリア・モンテッソーリ (Maria Montessorie) の発表した≪平和と教育 (*La Paix et l'éducation*) ≫とピエール・ボヴェ (Pierre Bovet) の発表した≪学校による平和 (*La Paix par l'école*) ≫は、平和を支援した BIE の多くの活動の中の一つの事例である。同様に、二言語併用 (bilinguisme) についての考察とその共同出版物は、その外国語の学習がその国民と親密になるという思想に基づいている。同様な精神において、1934年5月18日、≪善意のある人の一日≫において、ウェールズ (Pays de Galles) の子どもたちが、全世界の子どもたちに平和のメッセージを送っている。そして、ドイツ、イタリア、そして日本のような46か国からその返信を受け取っている。人々は、その3つの国が、数年後≪枢軸国 (les puissances de l'Axe) ≫になるということを知っている。

　ジュネーブの一つの学校の子どもたちによってウェールズ人 (Gallois) になされた返信は、次のように明記されている。≪私たちの親愛なるスイス人の中でも、他の多くの国々におけるように、人々は息苦しい、不安でいっぱいの、重い空気を吸っています。≫

　それゆえ、平和の要因はつねに BIE において優先事項の一部となっている。しかし、この返信が示すように、ピアジェが彼の任務を開始するまでの30年間、戦争の理屈 (logique) が高まることを避けられないことがわかる。BIE の比較研究的関心は、子どもたちがヒットラー主義の挨拶をさせられてから教室での1日を開始する、学校の風景写真の収集を逆説的に豊富にさせている。

　同様に、BIE の公印の下に1938年8月8日のドイツの法令を伝えている。それは、大学で学ぶためにバカロレアなしの入学許可の視点から、≪ドイツ人の血統の人または同じ起源の血統の人、さらにライヒ (Reich) の国民また

絵：1922年出版、国際友好団体の活動の合言葉≪善意の一日≫

はその国民になることができる人≫をその試験への受験者として認めたことである。またイタリア人の学校憲章 (la Charte) の一つの条項を広めたのは、まさに BIE である。それは、1939 年 2 月 15 日ファシストの大会議 (Grand Conseil) によって承認され、≪彼らの勉学は、幼い子どもの道徳的・文化的な形成と政策と戦争の準備を目的としている≫として明記されたものである。

　このように BIE とその協力者たちは、実際には中立性の原理が曖昧で、またほとんど満足がゆかない政治的な状況の中にいた。彼らはだまされやすいのではない。そのことは、たとえば 1938 年 2 月に、BIE のかつての副局長のアドルフ・フリエール (Adolpher Ferriére) によって訪問者たちのノートの中に書かれた短い一句によって示されている。フリエールは≪…1925 年において開始された活動が拡大されることを知ってうれしい≫そして、彼は≪もし時代が暗黒であるならば、以後のために活動しよう≫とつけ加えている。

第二次世界大戦の間、BIE は平和の理想について忠実でありつづけた。それは戦争の捕虜たちに知的援助をする職務を設置し、そして BIE の書籍を何十万冊も分配している。

≪教育は、再構築の決定的な要因であると同時に、またとくに本来の意味での構築の決定的な要因を構成するだろう≫と、早くも 1940 年に宣言したのはピアジェである。

訳注

* 1) ジャン＝ジャック・ルソー研究所 (Institute Jean-Jacque Rousseau)

　1912 年、ジュネーブ大学のクラパレード (Claparède,E.) によって教育科学研究所 (École des sciences de l'education) が設立されたが、この研究所はルソー生誕 200 年を記念してジャン＝ジャック・ルソー研究所 (Institute Jean-Jacque Rousseau) と名づけられた。この研究所では実験学校として≪子どもの家 (Masion de Petits) ≫が実践された。1921 年ピアジェは、クラパレードによってルソー研究所に招聘され、児童研究を開始し、多くの研究成果を著書として出版している。1975 年ルソー研究所は、ジュネーブ大学の心理学教育科学部 Faculité Psychologie et des Sciences de l'Education: FPSE) に統合された。

* 2) 教育心理学 (psychopédagogie)

　文字通りの和訳は「心理学的教育学」となるが、この用語はフランス語で psychologie pédagogique と同義であると見てよい。多くのフランス語文献では、英語の educational psychology は psychopédagogie と仏訳されている。
同様に psycho-pédagogue は「教育心理学者」とした (p.126 および p.142)。

＊3) 国際教育局 (Bureau International d'Education:BIE)

　1926 年、国際的な視野から教育関係資料の収集と利用、教育研究の実践と普及、教育関係者の交流などを目的とした国際センターとして、ジュネーブに国際教育局 (BIE) が設立された。1929 年ピアジェは、ピエール・ボヴェ (Pierre Bovet) を後継者として BIE の局長となった。BIE は、世界的教育調査、国際会議の開催、教育年鑑の刊行など活発な活動を進めてきたが、第二次大戦後、教育の国際協力を目的としたユネスコ (UNESCO) が設立されたためユネスコの一部局となった。詳細は、本書の解説「ピアジェの国際教育局における活動」を参照されたい。

＊4) 活動主義学校 (école active)

　活動学校とも呼ばれる。ルソー研究所でクラパレードは、≪活動主義学校の原理は、欲求と興味の法則─活動はつねに欲求によって引き起こされる─という、生活体の活動の基本法則から当然由来している≫ことを指摘し、その後継者であるフリエール (Frrière,A.) は、著書≪活動学校≫の中で、主要な概念として、活動と興味、活力と自然発達、自由と自律、そして個性と幼児期の尊重などを示している。

＊5) ジャン＝ジャック・ルソー研究所の標語

　1912 年、クラパレードとボヴェは、教育科学研究所を設立し、それをルソー研究所と名づけた。これは、エミールの教義を擁護するだけでなく、ルソーの崇高な言葉≪あなたの生徒に学びなさい。なぜならあなたは、生徒を少しも知らないからです。≫に感謝したからだと言われている。

＊6) テーラー・システム (tayloriste)

　1880 年代、アメリカの経営学者テーラー (Taylor,F.W.) によって考案された科学的作業管理の技法で、テーラー・システム (Taylor system) と呼ばれている。テーラーは、1 日の標準的な作業量（課業 task）を定め、誰でもがその作業量を達成できるよう作業方法を標準化した。このシステムの基本理念は、今日の経営学や管理学に引き継が

れ産業界に活かされている。

＊7) 社会的表象 (représentations sociales)

　対人コミュニケーションによって社会的に共有された概念、解釈、習慣など、特定の社会集団に認められた集合意識が表象として出現したもの。

＊8) エスノセオリー (ethnotheories)

　エスノセオリー (ethenotheories) は、本章の執筆者の参考文献 (Harkness & Super,1995) で示されている米国の心理学者・人類学者である Harkness,S. と Super,C. によって提唱された。これは、養育者 (caretakers) の心理を示す用語であり、「親の文化的信念システム (parent's cultural belief system)」または「親のエスノセオリー (parental ethonotheories)」と呼ばれている。

＊9) 宇宙創成説 (cosmogonie)

　宇宙の起源の神話的・神秘的に説明する宇宙説。古代ギリシャでは、巨神によって天地が生まれ、巨神たちの結婚によって太陽、月、星、風、河川などが生まれるような系統的な自然現象の説明がなされた。

＊10) 構造調整政策 (les politques d'ajustement structurel)

　英語表記では structural adjustment policy である。発展途上国が国際通貨基金 IMF や世界銀行グループから金融支援を受ける前提として要求される政策勧告である。国営企業の民営化、金融の自由化などによって市場機能を整備するねらいがある。1980 年代の中南米の経済危機に対する支援を契機に、アフリカ・アジアでの支援が開始された。

＊11）ストーニ族 (Stoney)

　カナダとアメリカの国境をまたいで生活するインディアンである。

＊ 12) 大いなる精霊 (Grand Esprit)

　英語 "Great Spirit" は『大精神』とも和訳される。グレート・スピリッツは、ア
メリカインディアンの創造主であり、宇宙の真理である。アメリカインディアンは、
この世界にあるものはすべて "Grand Spirit" によって創造されたと信じている。

＊ 13) アメリカインディアン運動 (American Indian Movement: AIM)

　1960 年代、アメリカインディアンは、貧困、差別、暴力などにさらされていたが、
こうした差別に反対したインディアンたちの抗議デモや権利回復運動が結集して、ア
メリカインディアン運動となった。

　アメリカインディアン運動は、1968 年ミネソタ州ミネアポリスで結成された全米最
大のインディアン組織である。現在、AIM の活動は全米において活発であり、また
各国の先住民族との連携や支援を行っている。

*14) 生存の学校 (les écoles de survie)

　「生存の学校 (les écoles de survie)」は、英語では "survival school" である。19
世紀末から 20 世紀の初め北米におけるアメリカインディアンの同化政策の一つとし
て「インディアン寄宿学校 (Indian Residental School)」があった。この教育では、イ
ンディアンの子どもを親から引き離し、インディアンの文化や言語を禁止して、キリ
スト教や西欧文化の学習を強制した。こうした寄宿学校に対抗して、1970 年インディ
アンによってインディアンの子どものための学校として最初の「生存の学校」がミネ
アポリスに設立された。この学校では、インディアンの子どもに対し、インディアン
の言語、文化、芸術などの教育が実施された。1975 年には、「生存の学校」が北米と
カナダに 16 校が設立され、「アメリカインディアン・サバイバル学校連合」の結成に
よって、「生存の学校」はさらに普及した。

＊ 15) 夏期言語協会 (institut linguistique d'été: ILV)

　英語で Summer Institute of Linguistics: SIL である。SIL は、1934 年宣教師の習熟

のためにアメリカ南部のアーカンソー州で夏期訓練講習会を開始した組織である。現在、International Summer Institute of Linguistics として発展している。

第 4 章の解説

　本章の執筆者のダニエル・アムリン (Daniel Hameline) は教育哲学者、ピエール・ダサン (Pierre Dasen) は教育人類学、エルベ・プラトー (Hervé Platteau) は教育学者でいずれもジュネーブ大学心理・教育科学部 (Faculté de psychologie et des sciences de L'éducation: FPSE) の教授であり、ホセ・マリン (Jose Marin) はペルーの民族学者で、当時ジュネーブ大学で生態学の研究をしていた。

　本章は 3 つの節によって構成され、第 1 節は「観察下の活動的な子ども」である。これは、ピアジェのジャン・ジャック・ルソー研究所 (IJJR) における子どもの観察によって得られた初期の研究成果 (1920 〜 30 年代) に基づいて述べられている。第 2 節では「世界征服のための教育的近代性とは？」、第 3 節では「ピアジェは教育学者か？」というテーマによって、国際的視点からピアジェの教育の発展に果たした役割とその功績が明確にされている。以下、各節について解説し、さらに研究を深めるための書籍・資料を紹介する。

1. 観察下での活動的な子ども

　本章の著者たちは、教育における≪現代の真理（vérité modern）≫として 2 つの常套句をあげ、それを要約して≪子どもを観察すること≫と≪活動的で自律的に育てること≫の合流によって科学的な教育心理学が一つの領域を確立すると述べている。

　しかし、ピアジェは、まだ科学的な教育心理学が確立されていない時代で、1921 年ジュネーブ大学のクラパレードによって、ジャン＝ジャック・ルソー研究所に招聘された。この研究所は、活動主義学校である実験学校をもち、それは≪子どもの家 (La Maison de Petits) ≫と名づけられていた。本章の著者たちが述べているように、ピアジェが出会った活動主義学校は

教師のかなりの消極的な態度によって特徴づけられ、その教室は、仕事場または実験室にさえ似ている。また教室には、さまざまな年齢の子どもたちが、運動の自由、行動の自由によって、自分自身で目標、期間、そして方法を決めた課題に一途に取り組むことから創造的な無秩序の印象さえ与えていた。

　ピアジェは、この研究所で児童について科学的な心理学の研究を開始するのである。最初の研究成果は、1923 年から 1932 年までに 5 冊の著書として出版された：『児童の言語と思考』(1923)、『児童の判断と推理』(1924)、『児童の世界観』(1926)、『児童の因果性』(1927)、『児童の道徳的判断』(1932)。とくに『児童の言語と思考』では、子どもの思考の≪自己中心性 (égocentrisme) ≫が有名である。『児童の世界観』では、子どもがアニミズム、実念論、人工論などを使用して、周囲の世界を認識していく状況が示されている。

　続いて『児童における知能の誕生』(1936)、『児童における実在の構成』(1937) が出版される。とくに『児童における知能の誕生』は、自分の 3 人の子どもの観察によって、子どもの感覚運動的知能段階をさらに 6 つの小段階に分け、発達の特徴を詳細にした大書である。とくに乳児における条件反射的な行為の繰り返しが、同化と調節を生み出し、新たな行動様式としての≪シェム (schème) ≫を形成するというピアジェ理論の根幹が示されている。乳児の観察によって、乳児の思考が言葉からでなく行為によって生じることを実証したのである。

　このような著作 (ピアジェの前期の研究段階とされる) を通してピアジェは、当時ほとんど対象とされなかった子どもを対象した心理学、≪児童心理学（Psychologie de l'enfant) ≫を世界に示したのであった。

　ジャン＝ジャック・ルソー研究所 (IJJR) の活動については、ピエール・ボヴェ (Pierre Bovet, 1933) によって、≪子どもの家 (La Maison de Petits) ≫については、オードマールとラフェンデル (Audemars,M. et

Lafendel,L.,1956) によって詳細な記録が残されている。活動主義学校については、フリエール (Ferriére,1920) の著書≪活動学校 (*L'Ecole Active*) ≫がある。

2. 世界征服のための教育的近代性とは？

　本章の著者たちは、≪世界征服のための教育的近代性≫として、とくに 1900 年代の初めヨーロッパ植民地政策のもたらした≪教育の近代性≫を指摘する。著者たちが述べているように、≪ヨーロッパはまだ植民地をもっていた。その派遣団と学校は、異教徒と未開人を教育しなければならなかった。≫ (本書 p.123) さらに著者たちは、≪植民地化されるときのアフリカやその他の国々に普及した西欧の教育は、それらの国々にポジティブな影響を与えなかった。≫ (本書 p.129) と述べている。これは、植民地につくられた学校が成人に対する識字教育、民主主義の政治体制の拡大、男女平等などに貢献する一方で、学校は抑圧された価値を伝授するため、大きな抵抗 (インディアン運動など) を生み出したことに注目しているからである。このような時代を経て、先住民の識字教育、言語教育、二言語と二文化をもつ人々の教育、高等教育へのアクセスなどが進められてきている。

　しかし、著者たちは、現在の発展途上と呼ばれる多くの国々において、学校は不衛生な仮宿舎、過剰定員の教室、物資の欠乏など、多くは困難な教育条件の中で運営されている問題や、戦争の恐怖に襲われている子ども、難民の子ども、浮浪児などの問題も指摘している。この問題に対しては、世界的な視野から教育の普及と改善が進められなければならないが、この問題に対してピアジェが取り組んできた国際教育局長としての精力的な活動がある。これについて著者たちは、第 3 節で紹介している。

　さて本節において著者たちは、ヨーロッパの植民地政策によって西洋化される以前の先住民の生活、教育、文化にも視点を当てている。その理由

は、未開社会と呼ばれる人々のインフォーマルな教育の中にピアジェの教育思想を見い出すことができるからである。

　オーストラリア先住民族においては、子どもは蘇る一人の祖先である。彼は教育される必要はないし、両親の願望に従って彼を形成することはできない。奥義伝授 (initiation) の年代まで彼は何も教えられないか、ほとんど何も教えられない。

　オーストラリアの先住民族（アボリジュニ）やエスキモーの狩猟−採集社会では、子どもは遊びを通して、従うこと、計画化すること、共同作業をすること、競争に参加することなどを学ぶ。アフリカの子どもたちは、両親から玩具ももらえないとき、自分自身で玩具を作り出す。

　これらの考察は、子どもの自由の教育、遊びによる学習、共同作業などのピアジェの教育思想に一致している。ジュネーブ大学のパラット (Parat,D.) は《ピアジェの教育学 (De la Pédagogie) 》 (Piaget,1998) の序文で、ピアジェが新しい方法を導入することによって教育改革を行う新しい学校に関心を向けていると指摘した後、《それは活動主義学校の方法であって、子どもの自由、活動と興味の原理の重要性を子どもの自然的発達を助長するために強調し、グループ作業と自治を重視している。》（ibid., p.6）と述べている。これらの指摘の根拠については、ピアジェの論文《自治についての心理学的考察》(1934)、《グループ作業についての心理学的考察》(1935)、《自由の教育》(1945) がある。これらの論文は、《ピアジェの教育学》の中に収められている。

3．ピアジェは教育学者か？

　この問いに対して、本章の著者たちは、いくつかの視点からピアジェの立場を指摘する。まず著者たちは、学校の教師は、ピアジェの発達段階を使って生徒の年齢から生徒の知的能力を推測したり、彼の教授法を生徒の年齢に適合できると考えていること、また教育心理学者もこのような

≪驚異≫を信じてきたことを指摘する。これに対して、本章の著者たちは、≪ピアジェと彼の共同研究者が優先して研究していることは、教授の方法の改善でもなく、教育システムの効率でもない。彼らの強い関心は、どのように知識が人間において構築されるかを発見することである。≫(本書p.142)と述べている。

　次に著者たちは、ピアジェの教育思想について、彼が、教育学の体系によって世界統一の思想を擁護した人々に警戒を促してきたことを指摘する。実際に、第3回国際公教育会議の勧告で、ピアジェは≪私は実際、普遍的な教育学が存在することを信じない。教育の体系のすべてに共通であることは、子ども自身であるか、または少なくとも子どもの心理の一般的な特徴である。≫(本書p.143)と述べていることに注目し、ピアジェの教育の中立性を指摘している。

　このようなピアジェの教育学に対する言葉に対して、本章の著者たちは、彼の立場の曖昧さを示していると述べている。≪一方で、彼は教育の状況の複雑性を自覚しているし、唯一の心理学がそれを理解するために十分でないことよく知っている。他方で、彼の科学的中立の思想は、教育的な諸学説の中から、彼に選択することを引き止めている。≫（本書p.143）と指摘している。

　では、ピアジェは≪教育学(pédagogie)≫に関してどのような考えをもっていたのであろうか。本書以外の資料を参照してみよう。ピアジェは、ブランギエ(Branguier, J.-C.,1977)との対話の中で、≪私は、教育学の意見は持っていません。教育の問題は大きく改革され、変革されなければならないという印象をもっているから、心理学者の役割は何よりも教育学が利用できる事実を提供することであって、私は教育学の立場に身を置いて教育学に助言することはできないと考えています。≫(ibid., p.194)と述べている。

　この言葉に対して、ジュネーブ大学のパラットは、≪この応答は決して

文字通りにとらえてはならないし、ピアジェは教育における意見をはっきりと持っている≫ (Piaget,1998,p.9-10) と指摘している。教育に関するピアジェの2冊の著書≪心理学と教育学 (*Psychologie et Pédagogie* ≫と≪教育の方向性 (*Où va l'education*) ≫がピアジェの教育について明確な意見を示しているし、ピアジェの教育学に関する論文を収録した≪ピアジェの教育学 (*De la Pédagogie*) ≫では、1930年代から1970年代までの半世紀にわたる論考が読み取れるからである。

　次に著者たちは、ピエジェの国際教育局（Bureau Intcrnationale d'Edcation:BIE）におけるピアジェの立場を詳細に紹介している。1926年国際教育局は、教育による平和と国際理解を主要な目的としてジュネーブに設立された。1929年ピアジェは、ピエール・ボヴェの後継者として国際教育局長になり、1967年までほぼ40年間、その職務を保ってきた。BIEは比較教育学のセンターであり、国際的な視野から教育関係の資料が収集され、地域的なアンケートの実施とその結果が配布された。またBIEは、≪国際公教育会議 (International Conference on Publics Education) ≫を開催したり、≪国際教育年鑑 (*International Yearbook of Education*) ≫を発行したりしてきた。

　さて著者たちが述べているように、BIEは思想の中立性を貫いている。≪国際連盟を誕生させ、また国家的、政治的、哲学的、そして宗教的な視点から中立的態度を保持することを協約とするウィルソン綱領を模範にしている。≫ (本書 p.144)　しかし、誇張する中立性にもかかわらず、心理学的価値を認める人々を通じて、教育の新しい方法の世界的拡大を促進してきた。この内容として、自治、グループ作業、学校間の連携と新しい発展、学校と家庭との協力などがあり、さらに二言語併用と教育を指摘している。これは正に、ピアジェの貢献によるものである。

　また著者たちは、BIEが継続されてきた≪国際公教育会議≫による勧告を1冊の選集≪*Recommendations 1934-1960* ≫として発行していること

を指摘している。この重要性について、その書物の序文で、ピアジェは
≪勧告は、1000 以上の条項の全体を成しており、また人々がその決定を
過小評価することのない教育学的学説の主要部分である、公教育のある
種の国際的な憲章または規約を構成している。≫ (本書 p.147) と述べてい
る。この条項が、各国において実施されなければならない必要不可欠の教
育条件であるからである。

　ジュネーブ大学のパラットは≪ピアジェの教育学≫の序文で、ピアジェ
がおよそ 40 年間、この組織を主宰したことに注目した後、≪この資格で、
ピアジェはさまざまな公開会議や国際会議を主宰しただけでなく、彼は同
様にいくつもの国で企てられた様々なアンケート調査に従事し、また論評
もしてきた。彼は続いて起こったすべての教育改革の中心にいたし（略）、
国際的協力の精神と平和の推進に最初から賛同していた。≫（Piaget,1998,
p.5）と述べている。

　BIE は毎年、BIE 局長報告≪ Le Bureau international d'education en
1930-1944 :rapport du directeur) ≫を発行してきた。国際公教育会議もま
た会議録≪ International Conference on Public Education：Proceedings
and recommendations ≫を発行してきた。国際教育局の歴史については、
Suchodolski,B.(1979) によってまとめられている。

引用文献 (本書以外)

・Branguier,J.-C., *Conversations libres avec Jean Piaget*, Paris, Robert
Laffont.1977 [大浜訳『ピアジェ晩年に語る』国土社 ,1985]
・Piaget,J., *De la Pédagogie: Introduction de Silvia Parat-Dayan et
Anastasia Tryphon*. Editions Odile Jacob.Paris.1998 [芳賀・能田監訳『ピ
アジェの教育学』三和書籍 , 2005]

参考文献

・Audemars,M. et Lafendel,L., *La Maison des Petits de l'Institut J.-J. Rousseau*. Delachaux et Niestlé.1956

・Bovet, P., *Vingt ans de vie. L'Institut Jean-Jacques Rousseau de 1912 à 1932*. Paris Neuchâtel Delachaux et Niestlé.1933

・Ferriére,A., *L'Ecole Active*. Quatrième édition revue et réduite à un volume, Editions Forum,Genève.1920 [古沢・小林訳 『活動学校』 明治図書 ,1989]

・Piaget, J., *La langage et la pensée chez l'enfant*. Neuchâtlé et Paris,Delachaux & Niestlé 1923 [大伴訳『児童の自己中心性』同文書院 ,1954]

・Piaget, J., *Le jugement et le raisonnemnt chez l'enfant*, Neuchâtlé et Paris,Delachaux & Niestlé 1924 [滝沢・岸田訳『判断と推理の発達心理学』 国土社 ,1969]

・Piaget,J., *La représentation du monde chez l'enfant*. Paris, Alcan. 1926 [大伴訳『児童の世界観』同文書院 ,1955]

・Piaget,J., *La causalité physique chez l'enfant*. Paris, Alcan.1927 [岸田訳『子どもの因果関係の認識』明治図書 ,1971]

・Piaget,J., *La jugement moral chez l'enfant*. Paris, Alcan.1932 [大伴訳『児童の道徳的判断の発達』同文書院 ,1957]

・Piaget, J., *La naissance de l'intelligence chez l'enfant*. Neuchâtlé et Paris, Delachaux & Niestlé.1936 [谷村・浜田訳『知能の誕生』ミネルヴァ書房 ,1978]

・Piaget, J., *La construction du réel chez l'enfant*. Neuchâtlé et Paris, Delachaux & Niestlé 1937 [Translated by Margaret Cook: *The child's construction of reality*. London : Routledge & Kegan Paul, 1955]

・Piaget, J., *Psychologie et pédagogie*. Paris, Denoél.1969 [竹内訳『教育学

と心理学』明治図書 ,1975]

・Piaget,J., *Oú va l'education ?*　Paris, Denoël-Gonthier.1972 [秋枝訳『教育
の未来』法政大学出版会 ,1982]

・Suchodolski,B. et al., *Le Bureau international d'education au service du
movement éducative.* Paris, Unesco. (Anglais, Espagnol, Français).1979

概略的な書誌情報

　以下にまとめた著作リストは、本書の各章（ジャン・ピアジェ生誕 100 年祭の各部門に対応する）の厳密な書誌ではない。読者が何らかの点で知識をさらに深めたいときに自由に参照できる補遺と考えている。そのため、著作の重要性・入手可能性・普及の程度に応じて、少数のタイトルが選択された。これらは図書館や本屋で簡単に見つけられるはずである。また、いくつかは、フランス語で一度、英語またはスペイン語でもう一度と、重複して表示されている。

フランス語文献

第 1 章

BRINGUIER, Jean-Claude, *Conversations libres avec Jean Piaget*, Paris, R. Laffont, 1977. (J‐C. ブランギエ，大浜幾久子 (訳)『ピアジェ晩年に語る』,1985, 国土社)

DELESSERT, Etienne, *Comment la souris reçoit une pierre sur la tête et découvre le monde,* texte et ill. d'E. Delessert, avec la collab. d'Odile Mosimann, Expérimentation dirigée par Jean Piaget, Paris, l'Ecole des loisirs, Lausanne, J. Genoud, 1971.

DUCRET, Jean-Jacques, *Jean Piaget, biographie et parcours intellectuel,* Neuchâtel et Paris, Delachaux et Niestlé, 1990.

MONTANGERO, Jacques, MAURICE-NAVILLE, Danielle, *Piaget ou l'intelligence en marche, Aperçu chronologique et vocabulaire,* Liège, Mardaga, 1994.

PIAGET, Jean, INHELDER, Bärbel, *La psychologie de l'enfant,* 13e éd., Paris, Presses Universitaires de France, 1989. (ジャン・ピアジェ，ベルベル・イネルデ，波多野完治・須賀哲夫・周郷博 (訳)，『新しい児童心理学』,

1969, 白水社)

PIAGET, Jean, *La représentation du monde chez l'enfant*, avec le concours de onze collab., 6e éd., Paris, Presses Universitaires de France, 1991. (ジァン・ピアジェ, 大伴茂 (訳),『児童の世界観』, 1955, 同文書院)

第 2 章

BRINGUIER, Jean-Claude, *Conversations libres avec Jean Piaget*, Paris, R. Laffont, 1977. (日本語訳は前掲)

第 4 章

BRIL, Blandine, LEHALLE, Henri, *Le développement psychologique est-il universel? Approches interculturelles*, Paris, Presses Universitaires de France, 1988.

BUREAU, René, DE SAIVRE, Denyse, (Eds.), *Apprentissages et cultures: les manières d'apprendre (Colloque de Cerisy*, 1986), Paris, Karthala, 1988.

CAMILLERI, Carmel, *Anthropologie culturelle et éducation*, Lausanne, Delachaux et Niestlé, 1986.

ERNY, Pierre, *Ethnologie de l'éducation*, Paris, Presses Universitaires de France, 1981.

HAMELINE, Daniel, JORNOD, Arielle, BELKAID, Malika, *L'école active, textes fondateurs*, Paris, Presses Universitaires de France, 1995.

MARIN GONZALES, Jose, *Peuples indigènes, missions religieuses et colonialism interne dans l'Amazonie péruvienne*, Uppsala. Missionsforskning, Uppsala University, 1992.

MCLUHAN, Terri, *Pieds nus sur la terre sacrée*, Paris, Denöel, 1971.

MUKENE, Pascal, *L'ouverture entre l'école et le milieu en Afrique noire*, Fribourg, Editions Universitaires, 1988.

PIAGET, Jean, *Où va l'éducation? Comprendre, c'est inventer*, 1ère éd., Paris, Denoël, Gonthier, 1972. (ジャン・ピアジェ, 秋枝茂夫 (訳),『教育の未来』, 1982, 法政大学出版局)

PIAGET, Jean, *Psychologie et pédagogie*, Paris, Denoël, Gonthier, 1990. (ピアジェ, 竹内良知・吉田和夫 (訳),『教育学と心理学』, 1975, 明治図書)

英語あるいはスペイン語文献

第 1 章

BRINGUIER, Jean-Claude, *Conversations with Jean Piaget*, transl. by Basia Miller Gulati, Chicago, London, The University of Chicago Press, 1980. (フランス語からの日本語訳は前掲)

DELESSERT, Etienne, *How the mouse was hit on the head by a stone and so discovered the world*, text and pictures by Etienne Delessert, text transl. by C. Ross Smith, in collab. with Odile Mosimann, Dir. of experimentation: Jean Piaget, New York, J. Ernst, Lausanne, J. Genoud, 1971.

PIAGET, Jean, INHELDER, Bärbel, *The psychology of the child*, transl. from the French by Helen Weaver, London, Routledge & Kegan Paul, 1969. (フランス語からの日本語訳は前掲)

PIAGET, Jean, *The child's conception of the world*, transl. by Joan and Andrew Tomlinson, Reprint, Totowa NJ, Littlefield Adams, 1972. (フランス語からの日本語訳は前掲)

VIDAL, Fernando, *Piaget before Piaget*, Cambridge, Mass., London, Harvard Univ. Press, 1994.

第 2 章

BRINGUIER, Jean-Claude, *Conversations with Jean Piaget*, transl. by Basia

Miller Gulati, Chicago, London, The University of Chicago Press, 1980. (フランス語からの日本語訳は前掲)

第 3 章

ASTINGTON, Janet W., HARRIS, Paul L., OLSON, David R., (Eds.), *Developing theories of mind*, New York, Cambridge University Press, 1988.

ASTINGTON, Janet W., *The child's discovery of the mind*, Cambridge, Mass., Harvard University Press, 1993. (ジャネット・ワイルド・アスティントン , 松村暢隆 (訳),『子供はどのように心を発見するか―心の理論の発達心理学』, 1995, 新曜社)

PERNER, Josef, *Understanding the representational mind*, Cambridge, Mass., London, The MIT Press, 1991. (ジョセフ・パーナー , 小島康次・松田真幸・佐藤淳 (訳),『発達する「心の理論」―4 歳・人の心を理解するターニングポイント』, 2006, ブレーン出版)

WELLMAN, Henry M., *The child's theory of mind*, Cambridge, Mass., London, The MIT Press, 1990.

第 4 章

FREIRE, Paulo, *Pedagogia del oprimido*, Montevideo, Tierra Nueva, 1970. (パウロ・フレイレ , 三砂ちづる (訳),『被抑圧者の教育学』, 2018, 亜紀書房)

HARKNESS, Sara, SUPER, Charles M., (Eds.), *Parent's cultural belief systems. Their origins, expressions and consequences*, New York, Guilford Press, 1995.

MARIATEGUI, José Carlos, *Temas de Educacion*, Lima, Ed. Amauto, 1970.

MUNROE, Ruth H., MUNROE, Robert L., WHITING, B. B., (Eds.), *Handbook of cross-cultural human development*, New York, Garland

STPM, 1981.

PIAGET, Jean, *To understand is to invent, The future of education,* transl. by George-Anne Roberts, New York, Grossman, 1973. (日本語訳は前掲)

PIAGET, Jean, *Science of education and the psychology of the child,* transl. from the French by Derek Coltman, London, Longman, 1971. (日本語訳は前掲)

SAXE, Geofrey B., «Body parts as numerals: a developmental analysis of numeration among remote Oksapmin village populations in Papua New Guinea», in *Child Development,* Vol. 52, pp. 306-316, 1981.

SEGAL, Marshall H., DASEN, Pierre R., BERRY, John W., POORTINGA, Ype H., *Human behavior in global perspective, an introduction to cross-cultural psychology,* Boston, Allyn & Bacon, 1990.

SERPELL, Robert, *The significance of schooling, Life-journeys in an african society,* Cambridge, Cambridge University Press, 1993.

p.23 写真 Jean-Rémi Berthoud. AJP.

p.24-25 写真 Wayne Behling. AJP.

p.28 絵 Christiane Gilliéron. Extrait de: GRUBER, Howard E., VONECHE, Jacques, *The Essential Piaget*, New York, Basic Books, 1977.

p.29- 39 写真 Didier Jordan.

p.42 写真 Cornu-Windisch. AJP.

p.44 写真 Didier Jordan.

p.46-66 オリジナルの絵 Gieri Cosson.

p.72-73 写真 Didier Jordan.

p.67-68-70 Transports publics genevois.

p.80 写真 Didier Jordan.

p.82-92 絵 Aliki et Mathieu Dionnet-Tryphon

p.88 写真 Didier Jordan.

p.97-102 ジュネーブの学童の絵

p103. 写真 Didier Jordan.

p.108 ビネ (Binet) 家の私的コレクション.

p.110 引用: HARVAUX, Blanche, NIOX-CHATEAU, Marie-Aimée, *L'éducation nouvelle à l'école, L'expérience de Boulogne 1947-1956,* Paris, éd. du Scarabée, 1958. AIJJR, Fonds A. Ferrière.

p.112 引用 : LUC, Hyppolyte, BERTRAND, Elie, *L'enfance et l'éducation professionnelle,* Paris, Horizons de France, 1937, (Le Visage de l'enfance, VII). AIJJR, Fonds A. Ferrière.

p.112 Germaine Duparc の私的コレクション.

p.116 引用 : MAUROIS, André, *La jeunesse devant notre temps,* Paris, Flammarion, 1937. AIJJR, Fonds A. Ferrière.

p.117 写真 Keystone. Extrait de: Reportages, *Les années Keystone 1931-1932,* Paris, Keystone L'Illustration Développement, Le Livre de Paris,

1989.

p.120 *Le petit enfant, Introduction à quelques méthodes d'éducation,* Lausanne, Pro Juventute, s.d. AIJJR, Fonds A. Ferrière.

p.121 Archives DIP, Genève.

p.122 以下の広告から引用: NERET, *Etudes pour nos enfants de la maternelle aux grandes écoles,* guide pratique d'orientation scolaire, Paris, Lamarre, 1954. Bibliothèque FPSE, Genève.

p.125 写真 Patrick Dasen, Pierre Dasen の私的コレクション.

p.127 写真 Lauren Goodsmith, UNICEF/C-88/#6.

p.129 写真 M. Muinos, UNICEF.

p.130-131 写真 Pirozzi, UNICEF/DOI94-1225.

p.134 BALLANTINE, Betty et Ian (Eds.) *Les Indiens d'Amérique,* Monaco, Ed. du Rocher, J.-P. Bertrand, 1994.

p.136 写真 Stefano Varese. Extrait de la brochure éditée par le Programa de formacion de maestros biligues de la amazonia peruana.

p.137 写真 Said Elatab, UNICEF.

p.140 引用: SAXE, Geoffrey B., "Body parts as numerals: A developmental analysis of numeration among remote Oksapmin village populations in Papua New Guinea", in *Child Development,* 1981, vol. 52, n° 1, p.306-316.

p.141 Bibliothèque BIE, Genève.

p.144 Bibliothèque BIE, Genève. AJP.

p.146 Bibliothèque FPSE, Genève.

p.149 引用: «Message des enfants du Pays de Galles », in *La radio à l'école,* Commission régionale des émissions régionales de la Suisse romande, 2ème année, numéro 2, janvier-mai 1935, BPU, Genève.

略語

AIJJR: Archives Institut Jean-Jacques Rousseau, Genève

AIM: American indian movement

AJP: Archives Jean Piaget, Genève

BIE: Bureau international d'éducation, Genève

DIP: Département de l'instruction publique, Genève

FPSE: Faculté de psychologie et des sciences de l'éducation, Genève

ILV: Institut linguistique d'été

UNESCO: Organisation des Nations Unies pour l'éducation, la science et la culture

解説1：ピアジェの国際教育局における活動

　国際教育局 (Bureau International d'Éducation; 英語 International Bureau of Education) の発展の歴史は大きく3つに分けることができる。第1の時期は、1925年にクレパラード (Édouard Claparède)、ボヴェ (Pierre Bovet)、フェリエール (Adolphe Ferrière) により、ジュネーブのジャン＝ジャック・ルソー研究所内に設立された私的機関としての時期である。第2の時期は、1929年に約款を改定し、会員を公的組織や国際機関に加えて各国政府にまで拡大したことで政府間機関となり、教育における最初の国際組織となった時期である。第3の時期は1969年に国際教育局がユネスコに統合され (その原因は、財政難、政治的危機、ユネスコとの目標の類似にあるとされる)、その一部局となってから現在に至る時期である。ピアジェと国際教育局との関わりは、このうち、第2の時期と (末期の数年を除いて) ほぼ重なっている。

　1929年の約款で規定された国際教育局の目的は、教育に関する情報センターとなること、また、国家・政治・宗教的には中立の立場から国際協力を促進すること、科学的で客観的な立場から、公的・私的な教育諸機関から情報を収集し、また実験的ないし統計的な調査を実施し、その結果を公表することである。この目的にとって好適な人物として、ジュネーブ大学心理学教授であったピアジェが局長として任命された。ピアジェは、副局長ロセロ (P. Rosselló) とともに、国際教育局が政府間機関として独立性を保った約40年間の命運を握ったのである。

　国際教育局の代表的な事業である国際公教育会議 (International Conference on Public Education) は、1932年に各国の代表が報告書を発表し、それに対して局長であるピアジェが特徴的な新制度について短いコメントを加えるという形で行なわれたものが出発点となり、その後徐々に形式を整え、毎年開催されるようになった。この会議は、討論の結果をまとめ、各国の教育

監督官庁に対する勧告を提示することで、教育改善に向けた一定の影響力をもつことになった。また、各国の報告書を集成した「国際教育年鑑 (International Yearbook of Education)」の発刊も国際教育局の重要な事業であるが、その原型も第1回目の国際公教育会議の記録に認めることができる。このように、ピアジェ就任以後、国際教育局の主要な機能は徐々に形成され、継続されて形式を整えてゆき、ピアジェが退任した後も受け継がれてゆくことになったのである。

　現在の国際教育局に関する最大の情報源は、以下の公式ホームページであろう (英語、フランス語、スペイン語で読むことができる)。

http://www.ibe.unesco.org/

　ここでは、国際教育局に関わる最新ニュースがトップページに出ている他、以下のような項目に分けて、国際教育局について詳しく紹介している。①私たちは誰か (ビジョンとミッション、IBE 評議会、コミュニティとネットワーク、歴史)、②私たちのしていること (カリキュラムと学習の革新をリードする、重大で現在的な問題に対処する、分析的な知識基盤を強化する、教育と学習の質と関連性を確保する、カリキュラムに関するグローバルな対話を主導する、制度的・組織的開発)、③私たちの仕事 (グローバルな対話と知的リーダーシップ、能力開発、知識の創造と管理、IBE ドキュメントセンター、雇用)、④私たちが働く場所 (アフリカ、アジアおよび太平洋、ヨーロッパおよび北米、アラブ諸国、ラテンアメリカおよびカリブ海)。また、国際教育局について紹介するリーフレット、約款などの基本文書、歴史的解説等を、ここからダウンロードすることができる。

参考文献

International Bureau of Education, https://www.ibe.unesco.org/, (2020 年 7 月 6 日閲覧)

Suchodolski, B. et. al., *The International Bureau of Education in the service of educational development*, Unesco, 1979.　　　　　　　　　　　　　（岡野雅雄）

解説 2　ユネスコ機関紙≪プロスペクト (Prospects) ≫の発行
第 26 巻　第 1 号 1997 年 3 月　特集号：ピアジェと教育

　この特集号は、ピアジェ生誕 100 年祭を期にして 1997 年 3 月に発行された。編者のテデスコ（Tedesco,J.C.）は、1996 年に、ペスタロッチ生誕 250 年記念、またピアジェ、フレネ、ヴィゴツキーの生誕 100 年記念を祝うとともに、この 4 人の偉大な教育者の成果と思想を賞賛する多くの活動が、ユネスコ国際教育局 (IBE) の後援によって実施されると述べている。また編者は、とくにピアジェが 1929 年から 1968 年まで国際教育局の局長の職務を果たしたことを強調し、このプロスペクト (Prospects) の編集によって、ピアジェの学習心理学の研究の意義とともに、彼の教育活動のインパクトが与えられるだろうと述べている。

　また公開資料の序文を書いたレスルネ (Lesourne) は、「この出版は、単にピアジェの業績の記念誌として意図されない。その出版が、彼の業績が発生的認識論と発生的心理学の諸原理を示すためだけでなく、さらにそれらを発展させる他の理論的提案を含む諸議論、また教育の場における諸概念の再検討から生まれた諸転換を示すために発展した、その精神と結びついていると考える。」と述べ、ピアジェ研究の発展の状況を指摘している。

　日本からこのプロスペクトに、滝沢武久教授によって≪日本の教育におけるピアジェ派理論の拡張と影響≫というテーマで寄稿されている。

特集号の目次

参考）機関紙"Prospects"は、UNESCOのホームページから閲覧できる。

　Home　→　Prospects: quarterly review of comparative education

解説 3　発生的認識論国際センターと研究紀要 EEG の発行
（1970 年代以降）

発生的認識論国際センター CIEG			発生的認識論研究紀要 EEG			翻訳書	
年度	回	研究テーマ	巻	出版年度	EEG のタイトル	英訳	和訳
1969-70	15	意識化	＊	1974	『意識化』	○	
			＊	1974	『成功と理解』	○	
1970-71	16	矛盾	31	1974	『矛盾の研究 I　矛盾の諸形態』	○	○
			32	1974	『矛盾の研究 II　肯定と否定の関係』	○	○
			33	1975	『認知構造の均衡化』＊＊	○	
1971-72	17	反省的抽象	34	1977	『反省的抽象の研究 I　論理数学的関係の抽象』	○	
			35	1977	『反省的抽象の研究 II　順序と空間関係の抽象』	○	
1972-73	18	一般化	36	1978	『一般化の研究』		
1973-74	19	モルフィズム	37	1980	『対応の研究』		
1974-75	20	モルフィズムとカテゴリー	＊	1990	『モルフィズムとカテゴリー』	○	
1975-76	21	可能性	＊	1981	『可能性と必然性 I　子どもにおける可能性の進化』	○	
1796-77	22	必然性	＊	1982	『可能性と必然性 II　子どもにおける必然性の進化』	○	
1977-78	23	弁証法	＊	1980	『弁証法の原初的形態』		
1978-79	24	意味の論理学	＊	1987	『意味の論理学の構築について』	○	○
1979-80	25	理由					
1980-81	26	理由	＊	2004	『理由の形成』		
1981-82	27	運動：その発生的認識論研究	＊＊＊				
1982-83	28	運動の表象と幾何学化	＊＊＊	1983-1986			
1983-84	29	運動の表象と幾何学化	＊＊＊				

○：出版

注）

1) この表は、中垣 (1984, p.26-27) について 1970 年代からの研究にしぼり、1980 年代以後の研究を加えるとともに、出版情報を追加して作成したものである。

2) 出版について：

＊ EEG の紀要とは別に出版されたもの

＊＊ 特定年度の研究成果ではないが EEG の紀要として出版されたもの

＊＊＊研究論文として発行されたもの (Cahiers de la Fondation Archives Jean Piaget, 1983, N°4; Archives de Psychologies,1983,vol.51; 1984,vol.52; 1985,vol.53; 1986,vol.54；ほか)

3) センター長 (Directeur) は、1955 ～ 1980 年はピアジェ、1980 ～ 1985 年はアンリケ

ス (Gil Henriques) が担当した。『理由の形成』(2004) はアンリケスによって編集された。

4) CIEG の研究書の翻訳について：

　左記の表右端の欄に示されるように CIEG の研究書の翻訳は、EEG31 巻 32 巻≪矛盾の研究Ⅰ・Ⅱ≫と EEG とは別に出版された≪意味の論理学の構築について≫である。これらの翻訳書は、『矛盾の研究』（1986）、『意味の論理―意味の論理学の構築について』（1998）（いずれも三和書籍）として出版されている。

引用文献

中垣啓 (1984)「発生的認識論と今日のジュネーブ学派」波多野完治監修, 中垣啓編『ピアジェの発生的認識論』国土社 , pp.26-27.

解説4　ピアジェ研究の入門書

　ピアジェ研究を始めたい読者に、ピアジェ研究をさらに深めたい読者に、これまで出版されてきたピアジェ研究の入門書およびピアジェ研究の基礎となる研究書について、代表的な書籍を紹介します。

【日本人研究者による著書】

①波多野完治『ピアジェ入門』国土社, 1986

②波多野完治『ピアジェ－人と思想』波多野完治全集, 第4巻, 小学館, 1990

③滝沢武久・山内光哉・落合正行・芳賀純『ピアジェ知能の心理学』有斐閣新書, 1980

④滝沢武久『ピアジェ理論の展開』国土社, 1992

　①は、波多野完治先生によってピアジェの著書が日本に紹介されたエピソードなどが含まれており興味深い。①と②では一部内容に重複がある。③はピアジェの『知能の心理学』を4人の専門家によってわかりやすく解説されている。④はピアジェ研究の基本概念の解説のほか、ジャン＝ジャック・ルソー研究所の実験学校（La Maison de Petits）の紹介など、ピアジェ理論の原点からピアジェ研究が現代教育に果たした役割までが述べられている。

【外国人研究者による著書】

⑤ボーデン, M.A. (波多野完治訳)『ピアジェ』岩波現代選書, 1983

⑥セルリエ, G. (滝沢武久訳)『ピアジェ－人と思想』白水社, 1975

⑦リッチモンド, P.G. (生月雅子訳)『ピアジェ入門』家政教育社, 1971

⑧ピアジェ J. (芳賀純訳)『発生的認識論』評論社, 1972

　⑤と⑥はピアジェの思想が含まれ、内容も専門的である。⑦は、著者の解釈によってピアジェ研究を平易に解説している。⑧は、ピアジェがコロンビ

ア大学で行った講演のまとめであり、「発生的認識論」をわかりやすく紹介
している。

【ピアジェ研究の基礎となる研究書】

⑨波多野完治編『ピアジェの発達心理学』国土社, 1965（新装版 1993）

⑩波多野完治編『ピアジェの認識心理学』国土社, 1965（新装版 1993）

⑪波多野完治著『ピアジェの児童心理学』国土社, 1965（新装版 1996）

⑫フラベル J.H.（岸本弘・岸本紀子訳）『ピアジェ心理学入門』上, 明治図書,
1969；（植田郁郎訳）『ピアジェ心理学入門』下, 明治図書, 1970

　⑨〜⑪は、波多野完治先生編著の 3 冊で、日本の先駆的なピアジェ研究
者によって執筆された書籍である。1960 年代までにピアジェの翻訳書は数
多く出版されていたが、それぞれが専門的でピアジェ研究の全体を知るた
めには困難であった。これらの 3 冊は、日本でピアジェ研究を包括的に解
説した最初の書籍であると言える。これらの 3 冊の出版と時期を同じにし
て、⑫のフラベルによる『ピアジェ心理学入門』が翻訳出版された。本書
には、ピアジェから序文が寄せられ高い書評が与えられている。原書 The
Developmental Psychology of Jean Piaget の初版は 1963 年であったが、
1987 年に第 3 版、2011 年には新装版が出版されている。

（原田耕平）

翻訳者あとがき

　私たちは、平成4年（1992年）筑波大学に「ピアジェ研究会」(会長：文芸・言語学系芳賀純教授) を設立して、2か月に1度の割合で研究会を実施し、ピアジェの最新の研究論文を購読、その成果をまとめて翻訳書を出版してきました。この研究会の設立の意図は、ピアジェの晩年の研究が学際的に発展しており（発生的認識論国際センターCIEG の設立とその研究紀要 EEG の出版など）、複数の研究者の専門性によって解釈する必要性が生まれていたからです。研究会は心理学者と数学者とで構成され、この研究会によってピアジェの著書『意味の論理―意味の論理の構築について』(1998) と『ピアジェの教育学』(2005) の2冊を翻訳出版してきました。

　ピアジェ研究会は、発足時から筑波大学文芸・言語学系で実施されてきましたが、会長の芳賀純教授の退官、その他のメンバーの転勤等によって、2000年ごろから研究会を学士会館（東京）に移し、規模を縮小しながらも継続してきました。その間、研究会のメンバーが、ジュネーブ大学ピアジェ研究所 (Archives Jean Piaget) を幾度も訪問したり、またジュネーブ大学からパラット教授 (CIEG におけるピアジェの研究協力者) を招聘したりして、ピアジェ研究の核心について議論してきました。

　本書『ピアジェ入門：活動と構成』は、芳賀教授による翻訳推薦書であり、先生が1996年「ピアジェ生誕100年祭」（ジュネーブ）に出席された際の大会資料であります。2005年ごろから本書の翻訳を開始しましたが、2011年1月芳賀先生が急逝されました。本書は、多くのピアジェの著書を翻訳出版されて来られた先生の最後の翻訳書になりました。

　改めて、芳賀純先生のご冥福をお祈りするとともに、出版に長い年月がかかったことにお詫びを申し上げる次第です。

　さて本書の解説2 (ユネスコ機関紙≪プロスペクト≫の発行) で述べま

したように、世界的に見て、現在もピアジェ研究が継続され、また応用研究も進められていることに注目したいと思います。また今日、ジュネーブ大学ピアジェ研究所では、学術活動として≪学際セミナー (Séminaire Interdisciplinaire) ≫を外国からの招待研究者を含め、毎年2月から5月にかけて週1回のペースで実施しています。また≪ピアジェ研究大会 (Conférence Jean Piaget) ≫が国際的規模で、隔年で例年5月に開催され、ピアジェ研究が発展している状況を示しています。

　芳賀教授の推薦による翻訳書『ピアジェ入門：活動と構成』が、多くの人々にピアジェ研究の関心を広め、ピアジェ研究の発展の礎になることを願っています。

　最後に、本書の装丁のデザインをしてくださった造形作家の藤掛正邦文教大学教授に感謝申し上げます。そして、本書の出版を受け入れてくださった三和書籍社長高橋考氏と編集部の山本妃美氏のご助力に深謝致します。

令和2年1月　ピアジェ研究会にて

原田　耕平

事項索引

人名索引

矛盾の研究　意味の論理学の構築について

ジャン・ピアジェ著

芳賀　純・前原　寛・星三和子・日下正一・堀　正訳

A5 判　上製　本体 6,000 円＋税

　本書は、発生的認識論国際センターから研究紀要 EEG として 1974 年に発行された『矛盾の研究 (Recherches sur la Contradiction)』の第 31 巻と第 32 巻を合本して、1986 年に翻訳出版されたものである。

　これまでピアジェは、子どもの認知発達の特徴を「均衡化 (équilibration)」によって説明してきた (『発達心理学の 6 研究』1964 など)。しかし、均衡化がどのように達成されるかを明確にするためには、なぜ「不均衡 (déséquilibre)」が生まれるのか、しかも初期の段階ではそれがなぜ頻繁に起こるのか、なぜゆっくりとしか克服されないのかなどの解明が課題となる。

　ピアジェは、認知システムにおける「不均衡」をとらえるため、子どもの自生的思考における「矛盾 (contradiction)」に注目する。この矛盾は、論理的矛盾ではなく、弁証法的矛盾に近いものである。ピアジェは、操作的思考に至るまでの段階では、自然的思考における矛盾と呼ばれるものは、潜在的あるいは実在化した葛藤や対立、つまり不均衡から生み出されるとして、矛盾の源泉を不均衡に与え、矛盾を不均衡の結果と見なすのである。

　本書は、この矛盾の原因は発達の初期においてみられる否定に対する肯定の優位性によるものであり、矛盾は肯定と否定との不完全な補償から生み出されることを明らかにしている。また本書は、認知発達の初期の段階で、子どもの自生的思考による不均衡の出現は当然であり、均衡化はこの不均衡の乗り越えによって達成されるという視点は、子どもの論理的思考の研究に新しい方向性を示している。

意味の論理　意味の論理学の構築について

ジャン・ピアジェ / ロランド・ガルシア著

芳賀　純・能田伸彦監訳　A5 判　上製　本体 3,000 円＋税

　本書は、発生的認識論国際センターの 1978-1979 年度の研究成果として 1987 年に発行された『意味の論理学に向けて (Vers une logique des significatios)』の翻訳書 (1998) である。

　これまでピアジェは、子どもの論理的思考の発達を「命題論理学」によって説明してきた (『子どもの論理から青年の論理へ』1955 など)。この論理学に基づいて、子どもの論理的思考の構造 (群、束など) を明確にしてきた。

　しかし、幼い子どもの含意 (推論) は、命題として表現されない行為の水準においても出現する。子どもの行為や操作は意味をもち、諸行為の間に、また諸操作の間に

含意 (推論) が生まれるのである。

　このような視点からピアジェは、子どもの自生的思考の解明では、行為の水準において生まれるような意味を伴う含意 (推論) の分析が必要であり、これを「様相論理学」によって解明しようとしたのである。この様相論理学は、その体系に可能性、必然性、関連性、あるいは意味などの内包的条件を加えている。様相論理学のさまざまな体系化がある中で、ピアジェがとくに注目するのはアンダーソンとベルナップによって構築された『帰結：関連性と必然性の論理学 (Entailment：The logic of Relevance and Necessity)』(1975) である。

　この視点から、本書『意味の論理』では幼い子どもの論理的思考の解明がなされていることが一つの特徴である。ピアジェによる「様相論理学」を手掛かりとした子どもの論理的思考の解明は、子どもの新たな思考方法を探る意味で、またピアジェのこれまで構築した「操作の論理学」をさらに発展させる意味で大きな特徴がある。

ピアジェの教育学 子どもの活動と教師の役割

ジャン・ピアジェ著　芳賀　純・能田伸彦監訳　A5 判　上製　本体 3,500 円 + 税

　本書の原書『教育学について (De la Pédagogie)』は、1930 年代から 1970 代に発行されたピアジェの教育学に関係する諸論文を収集し、解説を加えて 1998 年に出版された。本書『ピアジェの教育学』は、その翻訳書として 2005 年に出版されたものである。

　ピアジェが出版した 60 冊に及ぶ著書の中で、教育学の立場から書かれた著書は『心理学と教育学 (Psychologoie et Pédagogie)』(1969) と『教育の方向 (Où va l' education)』(1972) の 2 冊だけであることが指摘されている。これらの著書は、わが国においても翻訳出版されているが、この 2 冊に収められた論説は特定の時代における教育的課題 (ユネスコの要請など) として述べられたものである。

　それに対して、本書『ピアジェの教育学』に収められた論説は、1930 年代から 1970 年代までのおよそ半世紀にまたがり、ピアジェの認識論的観点から構成主義、相互作用主義の立場での一貫した教育思想を読み取ることができる。また執筆された教育内容は、道徳教育、平和教育、自然科学教育、数学教育、芸術教育、そして国際教育など、多くの領域を包括している。このことを本書の監訳者が「スイスの偉大な研究者ジャン・ピアジェによる包括的な教育論の著書は、私たちの理解では、たった 1 冊しかない。それが本書である」と指摘している点である。

　また本書を編纂したジュネーブ大学のシルビア・パラットは、本書の「日本語版への序文」の最後で、「ピアジェは、われわれに、教育がさまざまな教師の間での協力と連帯性、また他の水準での《個人》と《集団》の考察を必要とする一つの学際的科学として考慮されなければならないことを教えている」と述べ、現代教育学に新たな視点を与えている。また、本書の副題としてつけられた「子どもの活動と教師の役割」は、ピアジェ教育論の現代性を示唆している。

【訳者紹介】

芳賀　純

　1931 年生。東京大学人文科学研究科修士課程修了。筑波大学文芸・言語学系教授、筑波大学名誉教授。2011 年 1 月逝去。著書：『子どもの発達と学習』(明治図書)、『心理言語学』(有斐閣) など。訳書：ジャン・ピアジェ『論理学と心理学』、『諸科学と心理学』、『発生的心理学』（いずれも評論社）、『行動と進化』（紀伊國屋書店）、『矛盾の研究』、『ピアジェの教育学』、ジャン・ピアジェ / ロランド・ガルシア『意味の論理』（いずれも三和書籍）、など。

　本書翻訳分担：第 1 章

原田耕平

　1947 年生。筑波大学大学院教育研究科修士課程修了。川村学園女子大学教育学部教授、同大学大学院人文科学研究科教授を経て、現在同大学特任教授。著書：『生徒の考えを活かす問題解決授業の創造』（共著）（明治図書）など。訳書：ジャン・ピアジェ / ロランド・ガルシア『意味の論理』（共訳）、ジャン・ピアジェ『ピアジェの教育学』（共訳）（いずれも三和書籍）。

　本書翻訳分担：第 2 章、第 4 章

岡野雅雄

　1957 年生。筑波大学大学院文芸・言語学研究科言語学専攻単位取得満期退学。文教大学情報学部教授。コミュニケーション論・記号論・言語表現など担当。著書：『わかりやすいコミュニケーション学―基礎から応用まで』（編著）（三和書籍）など。訳書：ジャン・ピアジェ / ロランド・ガルシア『意味の論理』（共訳）、ジャン・ピアジェ『ピアジェの教育学』（共訳）（いずれも三和書籍）など。

　本書翻訳分担：まえがき、第 1 章、第 3 章

ピアジェ入門　活動と構成

子どもと学者の認識の起源について

2021 年 1 月 30 日　第 1 版第 1 刷発行

編　者	ダニエル・アムリン	©2021 Daniel Hameline
	ジャック・ヴォネッシュ	©2021 Jacque Vonèche
訳　者	芳　賀　　　純	
	原　田　耕　平	
	岡　野　雅　雄	
発行者	高　橋　　　考	
発　行	三　和　書　籍	

〒 112-0013　東京都文京区音羽 2-2-2
電話 03-5395-4630　FAX 03-5395-4632
sanwa@sanwa-co.com
http://www.sanwa-co.com/
印刷／製本　中央精版印刷株式会社

ISBN978-4-86251-416-5 C3011

倫理学原理

付録：内在的価値の概念／自由意志

G・E・ムア 著　泉谷周三郎　寺中平治　星野勉 訳
A5判　上製　本体 6,000 円 + 税

1903年出版のG・E・ムア『倫理学原理』（Principia Ethica）は、20世紀における倫理学理論の出発を決定づけるものとなった。本書には「自由意志」と「内在的価値の概念」という2つの重要な論文も収録。

フランス心理学の巨匠たち

16 人の自伝にみる心理学史

寺内礼 監訳　　四六判　上製　本体 3,980 円 + 税

20世紀の心理学界をリードした先駆者たち、中でも、フランス語圏の心理学者たちの自伝集。精神生理学、児童心理学、実験心理学、臨床心理学などさまざまな分野の心理学者たちを通して、心理学の歴史と、彼らの素顔に迫る。

精神分析の終焉

フロイトの夢理論批判

ジョルジュ ポリツェル 著　寺内礼　富田正二 訳
四六判　上製　本体 3,200 円 + 税

フロイトの夢理論と無意識理論を綿密に分析し、夢からえられる豊かな素材を利用できるのは、精神分析だけだと確認した古典的文献を訳出。寺内礼による「精神分析の終焉」「ジョルジュ・ポリツェル人と作品」も収録。